akinoichigoの

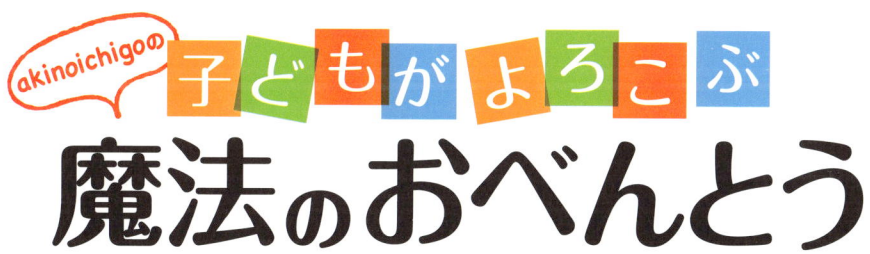

子どもがよろこぶ

魔法のおべんとう

稲熊 由夏

大和書房

はじめに

私がキャラもののお弁当を作り始めたのは、2005年の秋からでした。
少食の娘に少しでも食べてもらいたい、
好き嫌いをなくしてほしい、と
小さなおにぎりにお顔をつけたのが始まりでした。

「ママ、ピカピカに食べたよ！」
とカラッポのお弁当箱を得意気に見せる娘の顔が
今でも忘れられず、私のお弁当作りは、
幼稚園へ通う息子へと続いています。

今回の本では、そんな日々のお弁当作りの中から、
簡単にできるオリジナルのお弁当をピックアップしました。
大好きなキャラクターやアニメの登場人物は、
似せるのが大変なうえ、難易度もぐっと高くなってしまいます。

より気楽に、お弁当作りを楽しんでほしい！
という思いを込めて、初心者の方でも簡単に作れる
「お花」や「女の子」「男の子」、「動物」など、
オリジナルのお弁当をたくさん用意してみました。
食材を自由に組み替えたり、お好みの顔にしてみたり、
たくさんのアレンジを楽しんでいただければと思います。

また、お弁当作りのテクニックは、
日々の食卓やイベント時などにも使えると思います。
本書をフルにご活用いただけると嬉しいです。

皆さまの心に残るお弁当生活のお役に立てますように……。

稲熊由夏

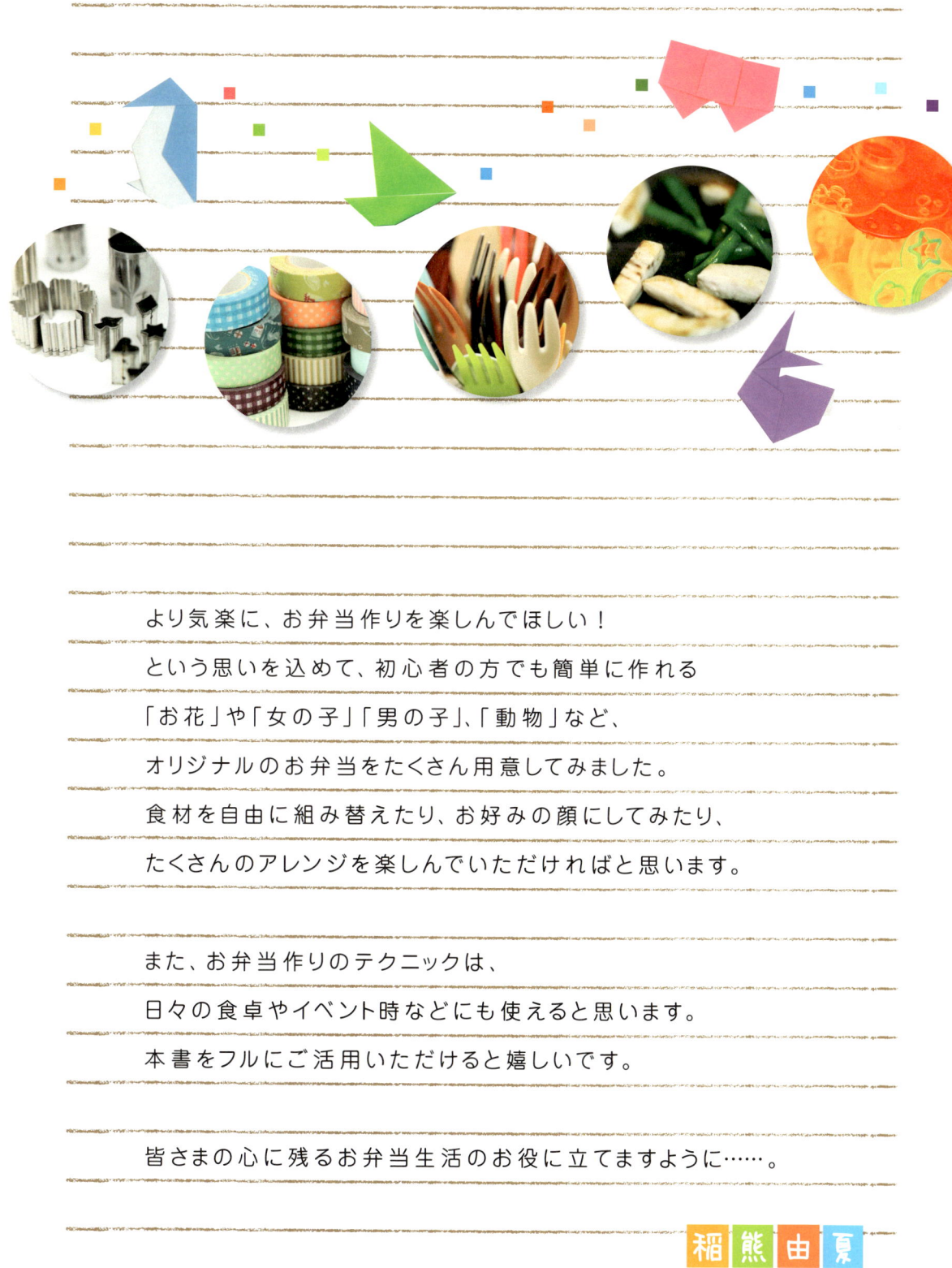

CONTENTS

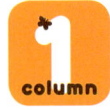

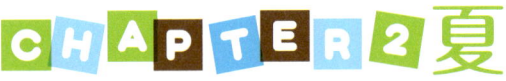

CHAPTER 3 秋

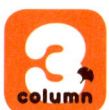

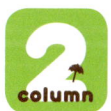

CHAPTER 4 冬

この本では…

- 計量の単位は大さじ1=15cc、小さじ1=5ccです。
- ごはん100gは子ども茶わん1杯分が目安です。
- 火加減は中火を基準にしています。
- 電子レンジの加熱時間は500Wでの目安です。
- 本文中の調理時間はおおよその目安です。
- 「材料」中のAはあらかじめ混ぜ合わせます。
- お弁当おかずのできあがり分量は1人分、もしくは作りやすい分量を目安にしています。
- 本文中に出てくる「すしのこ」は、タマノイ酢株式会社の商品です。
- 本文中に出てくる「花おすしの素」は、株式会社ミツカンの商品です。

子どもがよろこぶおべんとう 5つのルール

お弁当は、味はもちろんのこと、見た目や食べやすさも大切。
そんな子どもが喜ぶお弁当の5つの法則を紹介します。

1 顔を作る

笑顔のあふれるお弁当に思わずにっこり

おにぎりやおかずには、のりをパンチで抜いて目や口をつけたり、髪の毛を作ったり、またにんじんやハムで頬をつけたり……といろんな表情に仕上げます。スマイルいっぱいのお弁当箱を開けた瞬間、子どもたちも思わずにっこり。

2 ピックを使う

お箸では食べづらいお豆もカンタンに！

お豆などの小さなおかずは、まだお箸が上手に使えない子どもにとっては難題。そこで便利なのがピック。小さなおかずを、お箸を使わずにひと口でパクッ。国旗やかわいい形のピックに刺してすきまおかずに。お弁当の色合いをにぎやかにしてくれます。

3 型抜きをする

お弁当をにぎやかにしてくれる名脇役

5㎜幅のゆでたにんじん、ピーマン、ハムやチーズなどは、好きな型で抜いてお弁当をにぎやかに。苦手なにんじんやピーマンでも、かわいい型で抜いてあると、自然と食べられちゃうもの。子どもたちを魅了する型抜きマジックです。

4 ひと口サイズにする

小さなひと口サイズに収まるおかずを

お肉やお魚などのメインおかずは、特にひと口サイズに仕上げるように心がけて。大きいおかずはかみ切れなかったり、お箸で上手に切れないことも。パクッとひと口で食べられるものを入れてあげると、子どもたちもお箸が進みます。

5 好きなおかずを入れる

お弁当の時間が待ち遠しくなるテクニック

栄養バランスを考え、苦手なものも食べてほしい！ というのが親心。でもその前に残さず食べることが大切。そのためには必ず好物のおかずをひとつ入れてあげて。お弁当の時間が楽しみになるので、残さず食べられるようになるはずです。

子どもがよろこぶテクニック カップ&ピック編

きれいなお弁当に仕上げるためには、詰め方がポイント。スペースを
有効利用して詰めるにはカップが、彩りを添えるにはピックが大活躍！

紙カップ

大小さまざまな丸や楕円などの形がある紙カップは、もっともオーソドックスなおかずカップ。紙製なので形は変えられるし、種類も豊富なので、お弁当のイメージに合わせて選べます。

円すい状に折って差し込む

細長いおかずを入れるときは、カップの底をとがらせて円すい状にすると、狭いスペースでも入れやすくなります。

汁ものはカップを二重に

煮ものやサラダなどは汁気が多く、他のおかずに色や味移りをしてしまうことも。そんな事態を防ぐためにカップは２枚重ねにして。

おかずの色にカップを合わせる

ほうれん草は緑、にんじんはオレンジ……とおかずの色に合わせてカップをセレクト。色味がごちゃごちゃせず、バランスよくまとまります。

おにぎりを入れて詰めやすく！

小ぶりに握ったおにぎりも、カップに入れると他のおかずにくっつきません。またこのまま食べれば手も汚れないので一石二鳥です。

小さなおかずは上にのせる

動物に見立てたうずらのゆで卵などの小さなおかずは、つぶれないようにおかずの上にのせます。お弁当の見栄えも抜群。

シリコンカップ

繰り返し洗って使える、カラフルなシリコンカップ。丸や楕円の他、動物の形をしたものもあります。耐冷耐熱性に優れているので電子レンジやトースターでの加熱の他、冷凍もOKです。

そのままトーストで

シリコンは熱にも強いので、グラタンやチーズをトッピングして焼くおかずは、具材を入れてそのままトースターで焼いてもOK!

動物型は その形を生かす

マッシュしたポテトなど、形を自由自在に変えられるおかずを詰めるのにぴったり。顔のパーツもつけてかわいらしく仕上げられます。

すきまが できそうなときに◎

おかずを入れるほどではないけど、気になるすきま。硬い素材で変形せずに使えるので、スペースが空いてしまったらすきま埋めに。

ピック

キャラクターものからフルーツ、動物、国旗などさまざまな種類があるピック。おかずを刺すだけではなく、お弁当の飾りとしても使えるので上手に活用しましょう!

ピックに刺すだけで すきまおかずに

ほんの少しだけすきまができたときに大活躍。ピックに刺して細長いおかずにすれば、狭いすきまにもきれいに収まります。

ピックを 切って活用

おかずが小さくてピックが底まで貫通、なんてことがあったら出ている部分はカット。口の中を切らないように気をつけて。

ピックの一部を キャラのパーツに

ハートやお花、ちょうちょなどのモチーフのものを、女の子に見立てたおにぎりに刺せば、髪飾りのパーツとしても使えちゃう!

おすすめピック

1 旗

ハートや星、国旗などさまざまな模様の旗類は、お弁当に華やかさを添えてくれるアクセントに。

2 音符

ト音記号や音符などがお弁当の中にあると、とっても楽しくてにぎやかな雰囲気になります。

3 葉っぱ

トマトに刺してプチりんごに、赤ウインナーに刺してさくらんぼに。葉っぱの形をそのままうまく活用。

4 うさぎ

緑のバランと合わせて使えば、草原の中で走るうさぎさんに。おかずが地味なときに大活躍しそう。

5 ハート

どんなおかずにもぴったりのハートのモチーフ。お弁当が地味になりがちなときに利用して。

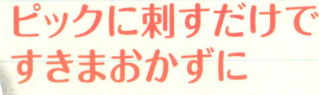

子どもがよろこぶテクニック バラン&仕切り編

仕切り用のバラン、サラダに使うレタス、おしゃれなワックスペーパーがお弁当の中で大活躍。仕切りやすきま埋めにも使えるテクニックを紹介します。

バラン

草や竹の形をした緑のバランが一番よく見かける形。他にも黄色やピンク、動物のイラスト入り、フルーツを形どったものなど種類はさまざまあるので、応用をきかせましょう。

高さや幅はカットして調整

お弁当箱が浅いため、ふたを閉めるとバランが折れ曲がってしまうことも。そんなときはお弁当サイズに合わせて下部やサイドをカット。

長めのバランはホットドッグに巻いて

ホットドッグのパンが広がり、具材が出てしまわないようにバランを巻いて。かわいらしいラッピングのできあがり。

バランで差し色を

おかずの色合いが寂しいときは、おかずの色以外のバランを使って彩りを鮮やかにしましょう。黄色やピンクなどを差し色に。

逆さにして使ってもOK

動物のイラスト柄などは本来イラストが見えるように使うもの。でも、あえて見せずに柄だけ使ってもOK。お弁当の雰囲気に合わせて。

小さいバランはおかずに刺して

小さなモチーフを形どったバランなら、ミニトマトなどに切り込みを入れて刺してもGOOD。お弁当の華やかさがアップします!

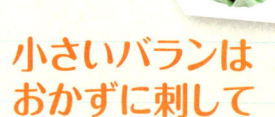

レタス

レタスの使い道はサラダに入れるだけではありません。実は、レタスはお弁当を詰めるときに不可欠な存在。仕切りに、すきま埋めに、おかずを持ち上げる枕としても大活躍。

数カ所カットして広げる

レタスの葉の下部に、深さ1cm程度の切り込みを数カ所入れることでレタスが横に広がり、仕切りとして使えます。

巻いてすきま埋めに

少しだけすきまができてしまったとき、下部が少しとがるようにレタスをくるくる巻き、すきまに差し込めば、おかずが動くのを防げます。

枕にして底上げに

お弁当箱が深くておにぎりなどが沈んで見えるときは、おにぎりの下にレタスを敷きます。できるだけ小さく巻いて見えないように。

ワックスペーパー

ワックスを染み込ませたペーパーで、やわらかく包みやすいのが特徴。ラッピングに使ったり、油っぽい食品を包んだり。おにぎりやパンなどの乾燥も防いでくれる優れものです。

三つ折りにして仕切る

お弁当の深さや長さに合わせて、バランと同じ要領で仕切りにもできます。三つ折りにして使い、汁ものなどの味や色移りを防ぎます。

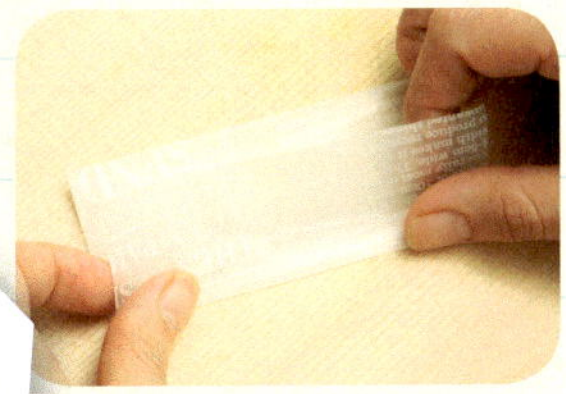

油ものを巻いて油をきる

唐揚げやフライなど油っぽいものを包むと、余分な油をワックスペーパーが吸い取ってくれます。

おにぎりをラッピング

キャンディー状におにぎりをラッピング。見た目もかわいいし、手を汚さずに食べられます。乾燥を防ぐので、時間が経ってもおにぎりがカピカピになりません。

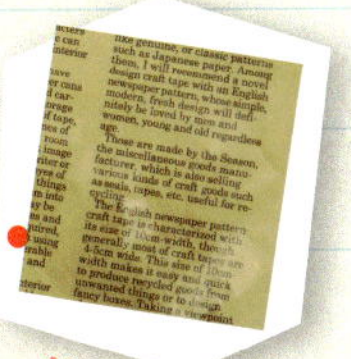

サイズに合わせてカット

お弁当箱のサイズよりひと回り大きく切り、おかずの下に敷きます。英字新聞の柄を使えばスタイリッシュな雰囲気に。

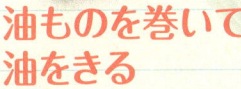

常備しておきたい食材

お弁当は、朝の忙しい時間帯で作るもの。そこで、常備しておくと短時間でもかわいいキャラものおかずが作れる食材を紹介しちゃいます。

ウインナー

お花や動物、乗りものが作れる

熱湯でたった1分ゆでるだけ。切り込みを入れてお花に、輪切りにしてタコの足やバスのタイヤに見立てるなど使い勝手は抜群。

ハム

好きな形に抜いてトッピング

型で抜いてお弁当にトッピングするだけで、かわいらしさ倍増。他にも緑の野菜などを巻くと、見た目もきれいなうえ、食べやすくなってGOOD！

カニカマ

赤い部分を広げるとぐんと活躍

用途はいろいろあるカニカマですが、赤い部分を広げると活躍度がアップ。バンダナや髪の毛などのパーツ、電車や飛行機のラインとしても使えます。

スライスチーズ

曲線の多い動物の形作りに最適

子どもたちが大好きな食材でもあるスライスチーズ。楊枝で自在にカットしやすいので、曲線の多い動物の形を作るのにぴったり。

チェダーチーズ

黄色・オレンジの動物の型抜きに

スライスチーズよりややオレンジがかっているチェダーチーズ。にわとりやキリンなど黄色っぽい動物を作るときに大活躍します。

のり

顔のパーツや髪の毛作りに必須

おにぎりに巻くのはもちろん、髪の毛や服のパーツにしたり。またパンチで抜いて、目や鼻、口などの細かいパーツを作るのにも必須。

ごはんがもっと楽しくなる

デコふりかけ

ケチャップやカレー粉などを使った色つきごはんは手間がかかる……。そんなときには、ごはんと混ぜるだけの「デコふり」が便利。さけ風味のふりかけで、5色のバリエーションからセレクトできます。

赤

かわいいフルーツに見立てて

りんごやいちご、トマトを形どったおにぎりには赤のデコふりがぴったり。

緑

木々や植物のイメージで

ごはんを森や林に見立てるときに最適。ごはんの上には動物を形どったチーズがぴったり。

ピンク

女の子のお弁当にぴったり

クマさんや女の子の顔のおにぎりを作るのにもってこい。ハートのおにぎりにしてもかわいい。

「デコふり 5色ふりかけ」137円
(株式会社マルアイ)

紫

お花やぶどうをお弁当に

小さなおにぎりでぶどうに見立てたり、少量のごはんに混ぜて白米の上に花の絵を描いても◎。

黄

動物のおにぎりが作りやすい

にわとりやひよこ、ライオンやねこなど黄色系の動物のおにぎりを作るときにおすすめ。

春

CHAPTER 1

日差しが暖かくなり、色とりどりのお花が咲いて
動物たちも活動し始める春。
そんな明るく元気な春の雰囲気のお弁当は、
子どもたちのパワーの源になるはずです。

春のおべんとう

さくら満開のおべんとう

春といって思い浮かぶのは桜。
薄ピンク色の花びらにはハムを使い、絹さやを葉っぱに。
めしべとおしべはゆかりを散らして完成！

キャラものおかず!

さくらのおにぎり

材料
ごはん…100g、お好みの具（梅干し、ツナ、サケなど）…少々、ハム…1枚、絹さや…1枚、ゆかり…少々、塩…少々

作り方
❶ ごはんに塩を混ぜて3等分にし、お好みの具を詰めてラップで丸く握る。
❷ ハムを花型で抜き〈a〉、花びらの縁にV字の切り込みを入れ〈b〉、さくらの花びらに見立てたら真ん中にゆかりを振る。

a

b

❸ 絹さやは筋を取り、熱湯で約30秒塩ゆでする。斜め3等分に切って❶に刺し、❷をのせたら完成。

ポイント
❷で花びらに切り込みを入れるとき、V字の角度を変えると花びらの表情に変化が出てきます。

メインおかず

エビカツ

材料
エビ…中6尾、はんぺん…10g、枝豆…5粒、溶き卵…少々、小麦粉…少々、パン粉…少々、塩・こしょう…各少々、揚げ油…適量

作り方
❶ エビは第二関節の殻のすきまから楊枝で背ワタを取り出し〈a〉、殻をむく。枝豆は刻む。

a

❷ エビとはんぺんを合わせて細かく叩き、枝豆と塩・こしょうを加えて粗めに混ぜる〈b〉。

b

❸ 小判形に整え、小麦粉、卵、パン粉の順に衣をつける。
❹ 180℃の揚げ油で2～3分からりと揚げたらできあがり。

サブおかず

絹さやのバター炒め

材料
絹さや…10枚、塩・黒こしょう…各少々、バター…少々

作り方
❶ 絹さやは筋を取り、半分に切る。
❷ フライパンにバターを温め、❶を炒める。塩・黒こしょうで味を調えたら完成。

ウインナー&にんじんで春らしくするためのポイント

ウインナーで!

ウインナーでお花作りに挑戦! ゆでると外に広がるのを利用して、咲いた花のできあがり。

1

赤ウインナーを半分に切る。ウインナーを花びらに見立てるので赤ウインナーを使って。

2

断面部分を放射状に6等分に、深さ5mm程度の切り込みを入れる。

3

切り込みを深く入れると、花びらの開き方に変化が。熱湯で約1分ゆでたらできあがり。

にんじんで!

5mm幅のゆでたにんじんを、花型、四つ葉型、ちょうちょ型で抜いてごはんやおかずにのせると春らしさアップ。

お花

チューリップのおべんとう

赤ウインナーを使ったかわいいチューリップ。ゆでると外側に反り返る特徴を利用して、お弁当の中で元気いっぱいに咲かせましょう。

チューリップのごはん

材料
ごはん…100g、赤ウインナー…½本、絹さや…2枚

ポイント
赤ウインナーは、切り込みを入れてからゆでると反るので、花が咲いたように見えるのがポイント。

作り方

❶ 赤ウインナーは縦半分に切り、断面部分にギザギザの切り込みを入れ〈a〉、チューリップの花に見立てて熱湯で約1分ゆでる。
❷ 絹さやは筋を取り、熱湯で約30秒塩ゆでする。
❸ ❷の種部分に沿って3㎝の切り込みを入れて茎に見立て、さらにそこから斜めに切り落として葉に見立てる〈b〉。
❹ 弁当箱にごはんを詰め、❸をのせて❶を添える。

a
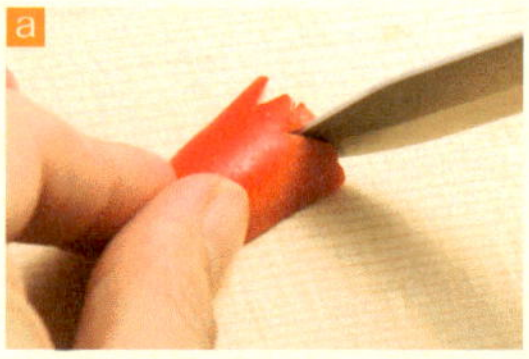

b

お花アレンジレシピ

薄焼き卵に切り込みを入れて作ったたんぽぽ。もうひとつは、ソーセージを切ってその断面を花びらに見立ててももの花に。

ポイント
薄焼き卵は、焦げないように火加減に要注意。裏返したら、火を止めて余熱で焼いてもOK!

たんぽぽのごはん

材料
ごはん…100g、水菜の葉…2～3枚、卵…1個、サラダ油…少々

作り方
❶ フライパンにサラダ油を弱火で熱し、溶いた卵を流し入れて焼く。縁が固まってきたら裏返してさっと焼き、薄焼き卵を作る。
❷ ❶を半分に切ってそれぞれ半分に折り、山折り部分に5mm間隔で、2cmの切り込みを入れる。端からくるくる巻いてたんぽぽの花に見立てる。
❸ 弁当箱にごはんを詰め、❷をのせて水菜を葉に見立てて添える。

もものお花のごはん

材料
ごはん…100g、魚肉ソーセージ…3cm、枝豆…2粒、白炒りごま…少々

作り方
❶ ソーセージは2mm幅の輪切りにする。
❷ 弁当箱にごはんを詰め、❶を4つずつバランスよく配置し、ももの花びらに見立てる。
❸ 枝豆を半分にし、葉に見立てて添える。それぞれの真ん中にごまを添えたら完成。

ポイント
ソーセージは小さめのものを使用。ごまは小さなスプーンなどで作業をすると散らばりません。

ハニーマスタードチキン

メイン おかず

材料
鶏もも肉…½枚、A［しょうゆ…大さじ1½、はちみつ…大さじ½、マスタード…小さじ1］、塩・こしょう…各少々

作り方
❶ 鶏肉に塩・こしょうを振って下味をつける。
❷ 密閉保存袋にAと❶を入れてひと晩浸ける。
❸ 皮目を上にし、180℃のオーブンで約10分焼いたら完成。

かぶのツナサラダ

サブ おかず

材料
ツナ缶…大さじ1、かぶ…½個、クレソン…1本、マヨネーズ…小さじ1、しょうゆ…少々、塩…少々

作り方
❶ かぶは皮をむいて薄切りにし、塩を振ってしんなりさせる。クレソンは2cm幅に切る。
❷ かぶの水気を絞り、ツナ、クレソン、マヨネーズを混ぜ合わせる。しょうゆで味を調えたら完成。

女の子

いちごちゃんのおべんとう

春はいちごのおいしい季節。甘酸っぱいいちごは「デコふり」ごはんで作りました。いちごのつぶつぶは黒炒りごまでリアルに再現しています。

サブ おかず
メイン おかず
キャラもの おかず!
キャラもの おかず!

いちごちゃんのおにぎり

材料

ごはん…100g、水菜の葉…少々、のり…少々、黒炒りごま…5 粒、ケチャップ…少々、デコふり（赤）…1 袋弱

ポイント

❷で2種類のごはんを合体させるとき、ぴったりくっつくようにラップでしっかりと握ります。

作り方

❶ ごはん80gにデコふりを混ぜ、ラップで三角に握り、真ん中にくぼみをつける〈a〉。残りのごはん20gもラップで丸く握る。

❷ 三角のおにぎりのくぼみに、丸いおにぎりをのせてラップで形を整える〈b〉。

❸ のりをパンチで抜いて目を、切って前髪と口を作り、❷に貼る。

❹ ケチャップで頬を染め、頭部にごまを散らす。水菜をヘタに見立てて配置する。

a

b

女の子 アレンジレシピ

花型で抜いたチーズを髪飾りにし、ミニトマトはさくらんぼに見立てました。それぞれにのりで笑顔を作ったらできあがり。

花飾りの女の子のおにぎり

材料

ごはん…100g、ハム…少々、カニカマ…4本、チェダーチーズ…少々、のり…少々、すしのこ…小さじ1、パスタ…4㎝

作り方

1. ごはんにすしのこを混ぜて半分にし、ラップで丸く握る。
2. カニカマの赤い部分をはがし、交差するように❶の上部に巻いて髪の毛に見立てる。
3. のりをパンチで抜いて目と鼻を、切って口を作り、❷に貼る。チェダーチーズを花型で抜き、髪飾りに見立てて配置する。
4. ハムを丸型で抜き、パスタで頬部分にとめたら完成。

ポイント

❹のパスタは1㎝程度使い、ごはんの水分でやわらかくなるので、ゆでずにハムに刺して固定します。

さくらんぼちゃんのトマト

材料

ミニトマト…2個、スライスチーズ…½枚、のり…少々、ケチャップ…少々

作り方

1. スライスチーズを楕円型で抜き、ミニトマトにのせたらラップで馴染ませる。
2. のりをパンチで抜いて目と口を、切って前髪を作り、❶に貼る。
3. 葉っぱのピックを刺し、ケチャップで頬を染める。

ポイント

チーズは冷蔵庫から出してやわらかくなってから使うと、ミニトマトとの馴染みがよくなります。

牛肉のパプリカ巻き

メイン おかず

材料

牛もも薄切り肉…2枚、パプリカ…⅛個、A［バルサミコ酢…大さじ1、しょうゆ…小さじ1、はちみつ…小さじ1］、塩・こしょう…各少々、サラダ油…少々

作り方

1. 牛肉に塩・こしょうを振って下味をつける。
2. パプリカを細切りにし、❶で巻く。
3. フライパンにサラダ油を熱し、❷の巻き終わりを下にして焼く。Aを加えて煮絡めたらできあがり。

こんにゃくの炒り煮

サブ おかず

材料

こんにゃく…¼枚、A［みりん…大さじ1強、しょうゆ…大さじ1、酒…大さじ1］、白すりごま…小さじ1

作り方

1. こんにゃくはフォークで数カ所刺し、さいの目に切って熱湯で約5分ゆでたら水気をきる。
2. フライパンを熱し、❶を炒る。Aを加え、汁気が少なくなるまで煮る。ごまを加えて混ぜたら完成。

バンダナの男の子のおべんとう

カニカマの赤い部分をバンダナに見立てて！ のりの黒がカニカマの赤を引き立ててくれ、活発な男の子のお弁当ができあがり。

メイン
おかず
サブ
おかず
キャラもの
おかず！
キャラもの
おかず！

バンダナの男の子のおにぎり

材料

ごはん…100g、お好みの具（梅干し、ツナ、サケなど）…少々、カニカマ…２本、のり…¼ 枚強、塩…少々

ポイント
カニカマは赤い部分をはがして使います。裂けやすいので扱いに注意しましょう。

作り方

❶ ごはんに塩を混ぜて半分にし、お好みの具を詰めてラップで三角に握る。のりを半分に切り、下部に巻く。

❷ のりをパンチで抜いて目を、切って前髪と口を作り、❶に貼る。

❸ カニカマの赤い部分をはがし〈a〉、三角に切って〈b〉バンダナに見立てて配置する。

❹ 余ったカニカマをストローで抜き、頬部分に貼ったら完成。

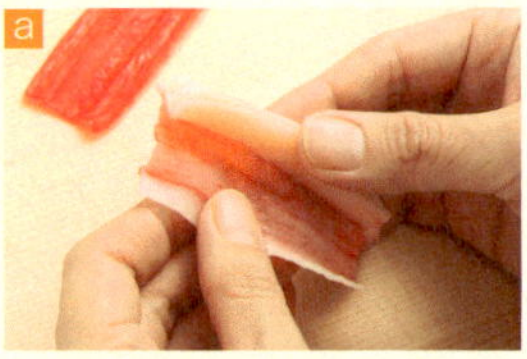
a

b

男の子 アレンジレシピ

俵形と丸形の形の違うおにぎりで、のりで作ったみつばち帽子の男の子と、ネクタイをしたりりしい男の子の２種類にアレンジ。

ポイント
のりで作る目を「●」と「く」の２パターンにすると、表情が豊かになり、楽しいお弁当の完成。

みつばち帽子のおにぎり

材料
ごはん…100g、お好みの具（梅干し、ツナ、サケなど）…少々、にんじんの輪切り…５㎜、パセリの茎…２本（Ｖ字部分）、のり…¼ 枚強、塩…少々、パスタ…４㎝

作り方
❶ ごはんに塩を混ぜて半分にし、お好みの具を詰めてラップで丸く握る。
❷ のりを半分に切り、片側の真ん中に半円の切り込みを入れて前髪を作り、❶に巻いてラップで馴染ませる。
❸ のりをパンチで抜いて目を、切って鼻と口を作り、❷に貼る。
❹ にんじんを約3分ゆでてストローで抜き、パスタで頬部分にとめる。パセリの茎を触角に見立てて頭部に刺す。

ポイント
俵形のごはんは片手でごはんを包み込み、もう一方の手の親指と人差し指で両側面を整えます。

ネクタイの男の子のおにぎり

材料
ごはん…100g、お好みの具（梅干し、ツナ、サケなど）…少々、カニカマ…２本、のり…少々、塩…少々、パスタ…２㎝

作り方
❶ ごはんに塩を混ぜて半分にし、お好みの具を詰めてラップで俵形に握る。
❷ カニカマの赤い部分をはがし、1㎝幅の帯状に2本ずつ作る。
❸ ❷の1本を❶の首部分に巻き、もう1本は先をネクタイの形にナイフで整えてパスタでとめる。
❹ のりをパンチで抜いて目と口を、切って前髪とネクタイピンを作り、❸に貼る。

ウインナーナポリタン
メイン おかず

材料
ウインナー…２本、ピーマン…½個、玉ねぎ…⅛個、Ａ[ケチャップ…大さじ１弱、はちみつ…少々]、粉チーズ…少々、サラダ油…適量

作り方
❶ ウインナーは斜め半分に切り、ピーマンと玉ねぎはざく切りにする。
❷ フライパンにサラダ油を熱し、ウインナー、玉ねぎ、ピーマンの順に炒める。
❸ Ａを加えて炒め合わせたら、粉チーズを振って完成。

じゃがいもソテーバジルがけ
サブ おかず

材料
じゃがいも…中 ½ 個、乾燥バジル…ひとつまみ、塩…少々、オリーブ油…少々

作り方
❶ じゃがいもは5㎜幅の輪切りにし、水にさらしたら水気をきる。
❷ フライパンにオリーブ油を熱し、❶を両面焼きつける。バジルと塩を振ったらできあがり。

にわとりのおべんとう

楕円型で抜いたチーズはにわとりの体に。にんじんやグリーンピースの彩りが、春の明るいイメージにしてくれています。女の子もますます食欲旺盛に。

にわとりのごはん

材料
ごはん…100g、ハム…1 枚、にんじんの輪切り…5 ㎜× 2 枚、グリーンピース…8 粒、チェダーチーズ…1 枚、のり…少々

ポイント
ごはんの上に直接チーズをのせるとチーズが溶けてしまうので、ハムと重ねるのがポイントです。

作り方

❶ ハム、チェダーチーズの順に重ねて楕円型で抜き〈a〉、弁当箱に詰めたごはんにのせる。
❷ にんじんを約3分ゆでてダイヤ型で抜き、半分に切ってくちばしに見立てて❶に配置する。さらに花型で抜き、半分に切ってとさかに見立てて配置する〈b〉。
❸ のりをパンチで抜いて目を、切って足を作り、❷に貼る。グリーンピースを散らしたら完成。

動物 女の子編 アレンジレシピ

お弁当のごはんに小さなひよこたちを並べてトッピング。ちょうちょは草木に見立てたパセリのまわりを優雅に飛んでいます。

ハートのひよこごはん

材料

ごはん…100g、ホールコーン缶…3粒、チェダーチーズ…¼枚、卵…1個、のり…少々、ケチャップ…少々、マヨネーズ…少々、サラダ油…少々

作り方

❶ 「たんぽぽのごはん」(P.17)の作り方❶の要領で薄焼き卵を作る。ハート型で抜き、弁当箱に詰めたごはんにのせる。
❷ チェダーチーズを楕円型で抜き、❶の羽部分にのせる。
❸ のりをパンチで抜いて目を作り、❷にマヨネーズで貼る。さらに花形に抜いて羽部分に貼る。
❹ ホールコーンをくちばしに見立てて❸に配置し、ケチャップで頬を染める。

ポイント
薄焼き卵は焦げ目をつけないように、弱火でゆっくり焼くとひよこの体がきれいに作れます。

ポイント
温かいごはんの上にチーズをのせると溶けてしまうので、ごはんを冷ましてからのせます。

ちょうちょのごはん

材料

ごはん…100g、ハム…½枚、にんじんの輪切り…5㎜、パセリの茎（V字部分）…2本、チェダーチーズ…½枚

作り方

❶ ハム、チェダーチーズの順に重ねてちょうちょ型で抜き、さらに羽部分をストローで抜く。
❷ にんじんを約3分ゆでて同じストローで抜き、❶の羽部分にはめ込む。
❸ 弁当箱にごはんを詰め、❷をのせる。パセリの茎を触角に見立てて配置したら完成。

鶏つくね

メイン おかず

材料

鶏ひき肉…50g、絹ごし豆腐…20g、片栗粉…ひとつまみ、A［みりん…小さじ2、しょうゆ…小さじ1、酒…小さじ1］、塩…ひとつまみ、サラダ油…適量

作り方

❶ ひき肉、豆腐、片栗粉、塩をよく混ぜ合わせ、丸く形を整える。
❷ フライパンにサラダ油を熱し、❶を両面焼いたら一度取り出す。
❸ 同じフライパンにAを入れて火にかけ、❷を戻し入れて煮絡める。

かぼちゃサラダ

サブ おかず

材料

ツナ缶…大さじ1、かぼちゃ…50g、きゅうり…2㎝、A［マヨネーズ…大さじ½、プレーンヨーグルト…大さじ½、粒マスタード…小さじ½］、塩…少々

作り方

❶ かぼちゃは2㎝角に切って水で濡らし、ラップをかけて電子レンジで約1分加熱する。きゅうりは薄切りにし、塩もみをしたら水気を絞る。
❷ 油をきったツナ、❶、Aを混ぜ合わせ、塩で味を調える。

動物
男の子編

キリンのおべんとう

動物園でしか会えないキリンさんがお弁当に登場。首の長い、かわいいキリンさんに男の子も大喜び。大きな体はチーズと薄焼き卵で作ります。

メイン
おかず
サブ
おかず
キャラもの
おかず!
キャラもの
おかず!

キリンのごはん

材料
ごはん…100g、ウインナー…½本、にんじんの輪切り…5㎜×3枚、グリーンピース…3粒、スライスチーズ…少々、卵…1個、のり…少々、黒炒りごま…2粒、マヨネーズ…少々、サラダ油…少々

ポイント
キリンのように曲線が多い形は、ナイフの刃先だけを使うと薄焼き卵がきれいに切れます。

作り方

① 「たんぽぽのごはん」(P.17)の作り方①の要領で薄焼き卵を作る。キリンの型紙(P.85)に沿ってナイフで切り〈a〉、弁当箱に詰めたごはんにのせる。

② のりをパンチで抜いて目を、切って口を作り、①にマヨネーズで貼る。

③ スライスチーズを口金で抜いて形を整え〈b〉、キリンの口元に見立てて②に配置し、ごまをのせる。

④ ウインナーを熱湯で約1分ゆでて輪切りにし、体の模様に見立てて③にマヨネーズで貼る。

⑤ にんじんを約3分ゆでて花型で抜き、真ん中にグリーンピースをのせてごはんの上に添える。

a

b

動物 男の子編 アレンジレシピ

黄色のてんとう虫はゆで卵を使って。みつばちはうずらの卵をカレー粉で味と色づけ。ともに卵が大活躍のお弁当です。

ポイント
卵をゆでるときは、時々湯をかき混ぜて。黄身が真ん中にくるので、てんとう虫がきれいに仕上がります。

てんとう虫のゆで卵

材料
絹さや…少々、ゆで卵…½ 個、のり…少々、マヨネーズ…少々

作り方
1. 絹さやは筋を取り、熱湯で約30秒塩ゆでする。
2. ゆで卵は座りがいいように、底部を切って平らにする。
3. のりを切っててんとう虫の頭部、触角、体の模様を作り、❷にマヨネーズで貼る。❶を四つ葉型で抜き、白身にマヨネーズで貼る。

ポイント
うずらの卵はAで煮たら火を止めて、白身がまんべんなく黄色に染まるまでそのままおきます。

みつばちのゆで卵

材料
うずらの卵…2 個、スライスアーモンド…4 枚、のり…少々、A［だし汁…50 cc、カレー粉…小さじ ½、塩…少々］、ケチャップ…少々、マヨネーズ…少々

作り方
1. うずらの卵を約8分ゆでて殻をむき、Aを入れた鍋で約5分煮る。火を止め、色づくまでそのままおく。
2. のりをパンチで抜いて目と口を、細長く切って体の模様を作り、水気を拭き取った❶にマヨネーズで貼る。
3. スライスアーモンドを羽に見立てて❷に差し込み、ケチャップで頬を染めたら完成。

しいたけバーグ　メイン おかず

材料
A［鶏ひき肉…30g、おろししょうが…少々、うずらの卵…1 個、パン粉…小さじ 1、塩・こしょう…各少々］、しいたけ…2 枚、小麦粉…少々、しょうゆ…少々、サラダ油…適量

作り方
1. しいたけは軸を取り、小麦粉をはたく。
2. ❶によく混ぜ合わせたAを詰める。
3. フライパンにサラダ油を熱し、❷を肉面から焼く。裏返したらふたをし、蒸し焼きにする。しょうゆで味を調えたら完成。

枝豆ポテト　サブ おかず

材料
じゃがいも…中 1 個、枝豆…10 粒、A［マヨネーズ…小さじ 2、カレー粉…少々］、塩・こしょう…各少々

作り方
1. じゃがいもはゆでて熱いうちにつぶす。
2. Aを加えて混ぜ、塩・こしょうで味を調えたら枝豆を加えて混ぜる。
3. ラップで丸く形を整えたらできあがり。

乗りもの

にっこりバスのおべんとう

春は入園･入学のシーズン。毎日通うときに使う通園･通学バスを、おにぎりで再現してみました。毎日の通園･通学が楽しくなりそうなお弁当です。

サブ
おかず
BUS
メイン
おかず
キャラもの
おかず!
キャラもの
おかず!

にっこりバスのおにぎり

材料

ごはん…100g、ウインナー…1本、カニカマ…1本、チェダーチーズ…¼枚、のり…少々、塩…少々、パスタ…2cm、アルファベットパスタ…「BUS」の3文字

ポイント

カニカマをストローで抜いたら、ストローを親指と人差し指の爪で挟んで押し出すようにします。

作り方

1. ごはんに塩を混ぜ、ラップで四角く握る。
2. チェダーチーズを1cm×3cmの長方形に切って窓に、5mm×1cmの長方形に2つ切ってライトに見立て、それぞれ❶に配置する。
3. カニカマの赤い部分をはがし、1cm幅の帯状にして❷の下部に配置する。さらにストローで抜いて鼻を作り〈a〉、窓部分の真ん中に配置する。
4. のりをパンチで抜いて目を、切って口を作り、❸の窓部分に貼る。
5. ウインナーを熱湯で約1分ゆでて先端を切り、タイヤに見立ててパスタで❹にとめる〈b〉。
6. 仕上げにアルファベットパスタを素揚げし、❺に配置する。

a

b

乗りもの アレンジレシピ

タイヤは赤ウインナー、窓はチーズを使い、色違いのバスを作りました。白いバスはごはんで、ピンクはハムで。お好みに合わせて。

ポイント
チーズを切っている間に、チーズがやわらかくなり、作業がしにくくなったら冷蔵庫で冷やして。

白バスのおにぎり

材料
ごはん…100g、お好みの具（梅干し、ツナ、サケなど）…少々、赤ウインナー…½本、スライスチーズ…¼枚、のり…少々、マヨネーズ…少々、塩…少々

作り方
❶ ごはんに塩を混ぜて半分にし、お好みの具を詰めてラップで四角く握る。
❷ のりを5mm幅の帯状に切り、バスのラインに見立てて❶に巻く。
❸ スライスチーズを長方形に切り、窓に見立てて❷に配置する。
❹ 赤ウインナーは熱湯で約1分ゆでて輪切りにし、真ん中をストローで抜いてタイヤに見立て、❸にマヨネーズで貼る。

ポイント
バスの車体は、お弁当箱の大きさに合わせて作りましょう。大きすぎると食べにくいので注意。

ピンクバスのハムチーズ

材料
ハム…1枚、赤ウインナー…少々、スライスチーズ…½枚、チェダーチーズ…少々、のり…少々、ケチャップ…少々、マヨネーズ…少々

作り方
❶ ハムは四角く切り、バスの本体に見立てる。
❷ スライスチーズを長方形に切り、窓に見立てて❶に配置する。チェダーチーズを5mm幅に切り、バスのラインに見立てて配置する。
❸ 赤ウインナーを熱湯で約1分ゆでたら輪切りにし、真ん中をストローで抜いてタイヤに見立てて、❷にマヨネーズで貼る。
❹ のりをパンチで抜いて目を、切って口を作り、❸に配置する。ケチャップで頬を染めたら完成。

豚だんご

メイン おかず

材料
豚こま切れ肉…50g、A［おろししょうが…少々、片栗粉…ひとつまみ、しょうゆ…小さじ1、酒…小さじ1］、ごま油…少々

作り方
❶ 豚肉とAを混ぜ合わせて半分にし、丸く形を整える。
❷ フライパンにごま油を弱火で熱し、❶を両面丁寧に焼き、全体に火が通ったらできあがり。

パプリカのベーコン巻き

サブ おかず

材料
ベーコン…1枚、パプリカ…10g、白ワイン…小さじ1、塩・こしょう…各少々、サラダ油…少々

作り方
❶ パプリカは細切りにする。
❷ ベーコンは横半分に切り、❶を半量ずつ巻いて巻き終わりを楊枝でとめる。
❸ フライパンにサラダ油を熱し、❷を焼いて白ワインを振る。焼き色がついたら、塩・こしょうで味を調える。

春の行事

こいのぼりのおべんとう

細長いお弁当箱の形を利用して作ったこいのぼりのサンドイッチ。うろこはなんと、グリーンピースをパンに埋め込んでいます。

サブ おかず
メイン おかず
キャラもの おかず!
キャラもの おかず!

こいのぼりのサンドイッチ

材料
サンドイッチパン…2枚、ハム…1枚、グリーンピース…5粒、スライスチーズ…1枚強、のり…少々、マーガリン…少々

ポイント
❸の工程は、ストローを押し当ててから回すと、パンが抜けやすいです。うろこはホールコーンでもOK。

作り方

❶ パンの片面にマーガリンを塗り、ハムとスライスチーズを挟む。
❷ 半分に切り、片側にV字の切り込みを入れ、こいのぼりの尾に見立てる〈a〉。
❸ パンの表面にストローを押し当てて抜き〈b〉、グリーンピースを埋め込んでうろこに見立てる。
❹ スライスチーズを丸型で抜き、パンチでひと回り小さな丸形に抜いたのりを貼って目を作り、❸に配置する。

a

b

春の行事 アレンジレシピ

赤ウインナーで作ったこいのぼりは、ごはんの上にトッピング。こいのぼりの胴体に見立てたのり巻きは迫力満点です。

こいのぼりのウインナー

材料

赤ウインナー…2本、イカ墨パスタ…少々（黒炒りごまやのりでもOK）

作り方

❶ 赤ウインナーの片側に1cmの切り込みを入れ、こいのぼりの尾に見立てる。反対側に5mmの切り込みを入れ、口に見立てる。

❷ 口部分から1cmの場所にエラに見立てた切り込みを縦に入れる。表面に格子状の切り込みを入れ、うろこに見立てる。

❸ ❷を熱湯で約1分ゆで、目に見立ててイカ墨パスタを差し込む。

ポイント

赤ウインナーを選ぶときは、よりカーブしているものにすると、動きのある仕上がりになります。

ポイント

ツナは油をよくきらないと、ごはんが油分でくずれやすくなったり、油っぽくなってしまうので注意。

こいのぼりののり巻き

材料

ごはん…100g、ツナ缶…大さじ2、スライスチーズ…¼枚、のり…½枚強、マヨネーズ…小さじ1

作り方

❶ ラップの上にのりをのせ、ごはんを広げる。

❷ 油をきったツナにマヨネーズを混ぜ、❶の手前にのせる。端から巻き、ラップでしっかり馴染ませる。

❸ 片側にV字の切り込みを入れ、こいのぼりの尾に見立てる。

❹ スライスチーズを丸型で抜き、パンチでひと回り小さな丸形に抜いたのりを貼って目を作り、❸に配置する。さらにスライスチーズを丸型で抜いて半分に切り、うろこに見立てて配置する。

豚のピカタ

メインおかず

材料

豚もも薄切り肉…2枚、溶き卵…½個分、小麦粉…少々、塩・こしょう…各少々、サラダ油…少々

作り方

❶ 豚肉に塩・こしょうを振り、食べやすい大きさに折りたたむ。小麦粉をはたき、卵を絡める。

❷ フライパンにサラダ油を弱火で熱し、❶を両面焼く。卵が少し固まったら卵を何度か絡ませながら焼く。

さやいんげんのペッパーソテー

サブおかず

材料

さやいんげん…3本、白ワイン…小さじ1、ガーリックパウダー…少々、塩・黒こしょう…各少々、オリーブ油…適量

作り方

❶ さやいんげんは筋を取り、熱湯で30〜40秒塩ゆでしたら3等分に切る。

❷ フライパンにオリーブ油を熱し、❶を炒めて白ワインを振る。

❸ ガーリックパウダーと塩・黒こしょうで味を調えたら完成。

column 1

1年に一度の春イベント

3月3日

ひなまつりのおべんとう

3月3日は桃の節句、女の子の日のひな祭り。おひなさまとおだいりさまののり巻きで、女の子の節句をお祝いしましょう。

① おひなさまののり巻き

材料

ごはん…100g、魚肉ソーセージ…½本、にんじんの輪切り…5㎜、のり…½枚強、A[酢…大さじ½、砂糖…小さじ½、塩…少々]、マヨネーズ…少々、パスタ…5㎝

作り方

❶ごはんとAを混ぜ合わせ、酢飯を作る。❷のりに①を広げ、手前にソーセージをのせる。まきすで巻き、水で濡らした包丁で2㎝幅に切る。❸のりをパンチで抜いて目を、切って髪の毛、口、鳥帽子を作り、②にマヨネーズで貼る。❹にんじんを約3分ゆで、ストローで抜いて頬を、ナイフで切って冠を作り、それぞれパスタで③にとめる。

② エビとうずらの卵のフライ

材料

エビ…中2尾、うずらの卵…2個、溶き卵…少々、小麦粉…少々、パン粉…少々、塩・こしょう…各少々、揚げ油…適量

作り方

❶うずらの卵は約8分ゆでて殻をむき、楊枝で穴をあける。❷エビは背ワタと殻を取り除き、腹側に切り込みを入れて開く。❸①に②を巻きつけて楊枝でとめ、塩・こしょうを振る。❹小麦粉、卵、パン粉の順に衣をつけ、170℃の揚げ油でからりと揚げる。

③ 菜の花マヨからし和え

材料

菜の花…1本、マヨネーズ…小さじ2、和がらし…少々、塩…少々

作り方

❶菜の花は熱湯で約40秒塩ゆでし、水気をきる。❷マヨネーズと和がらしで①を和え、塩で味を調える。

夏

CHAPTER 2

照りつける太陽、スイミングに励んで日焼けした顔、
きんきんに冷えたアイスクリーム、夜空を彩る花火、
波にゆれる船や海を泳ぐタコさん。
夏は楽しいことがいっぱいのお弁当です。

お日さまのおべんとう

ぎらぎらと照りつけるお日さまを目玉焼きで作ります。
めらめらと燃えている様子は、三角に切ったにんじんで表現。
仕上げに頬を赤く染めたら夏の太陽の完成！

キャラもの おかず!

お日さまの目玉焼き

材料
にんじんの輪切り…5㎜、卵…1個、のり…少々、ケチャップ…少々、マヨネーズ…少々、サラダ油…少々

作り方

❶ フライパンにサラダ油を弱火で熱し、卵を割り入れる。水大さじ1（分量外）を加えて焼く。様子を見ながら何度か水を差し、火が通ったら取り出して冷ます。

❷ のりをパンチで抜いて目を、切って口を作り、❶の黄身にマヨネーズで貼る。

❸ にんじんは約3分ゆでて丸型で抜き、8等分に切って〈a〉黄身のまわりにマヨネーズで貼る。

a

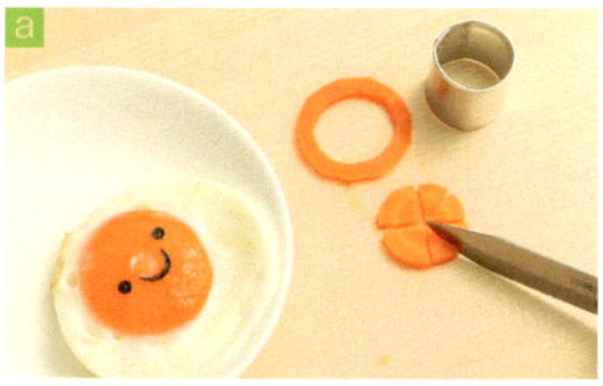

❹ ケチャップで頬を染めたら完成〈b〉。

b

ポイント
目玉焼きが焦げないように少量の水を少しずつ加えながら、ふたをしないで弱火で焼くとうまくいきます。

メイン おかず

ケチャップハンバーグ

材料
豚ひき肉…60g、玉ねぎ…⅛個、うずらの卵…1個、牛乳…大さじ1、パン粉…大さじ1、白ワイン…大さじ1、A［ケチャップ…大さじ1、ソース…大さじ½、はちみつ…小さじ½、水…大さじ1］、ナツメグ…少々、塩…少々、サラダ油…少々

作り方

❶ ひき肉、ナツメグ、塩をよく混ぜ合わせ、みじん切りにした玉ねぎを加えてさらに混ぜる。

❷ うずらの卵、牛乳、パン粉を混ぜたら、❶と合わせて粘りが出るまでよく混ぜる〈a〉。

a

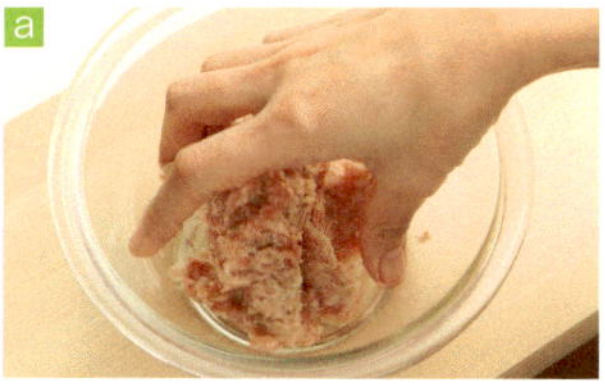

❸ 丸く形を整え、真ん中をへこませる〈b〉。

b

❹ フライパンにサラダ油を熱し、❸を片面焼いたら白ワインを振る。裏返してふたをし、蒸し焼きにする。Aを加えて煮詰めたら完成。

サブ おかず

カリフラワーのカレー煮

材料
カリフラワー…2房、A［カレー粉…小さじ½、顆粒だしの素…小さじ½、塩…少々、水…50 cc］

作り方

❶ 小鍋にAを入れて火にかけ、ひと煮立ちさせたらカリフラワーを加えて約2分煮る。火を止め、色づくまでそのままおく。

❷ きれいに色づいたらキッチンペーパーで汁気を拭き取る。

ウインナー&にんじんで夏らしくするためのポイント

ウインナーで!

赤ウインナーの赤い部分を花びらに見立て、ひまわりを作ります。種部分は格子状に切り込みを入れて。

細めの赤ウインナーを1㎝幅の輪切りにし、断面に格子状の切り込みを入れて種部分を作る。

長めの赤ウインナーを選び、側面に5㎜間隔で、真ん中くらいの深さまで切り込みを入れる。

❶と❷を熱湯で約1分ゆでたら、❷の端と端を楊枝で輪にしてとめ、真ん中に❶をはめ込む。

にんじんで!

5㎜幅のゆでたにんじんを、海で泳ぐ魚、雫、雲などの型で抜いてお弁当に散らせば夏気分に!

お花

バラのおべんとう

初夏に咲き始めるバラ。可憐な様子は、ハムをくるくると丸めるだけで。葉っぱは絹さやを型抜きして作っています。あっという間におしゃれなお弁当が完成。

バラハムのごはん

材料
ごはん…100g、ビアハム…3 枚、絹さや…1枚

ポイント
絹さやを葉型で抜くときは、種を取り除いてから抜くときれいな葉っぱの形になります。

作り方

❶ ハムを大きめの花型で3枚抜き、半分に切る。
❷ ❶を1枚巻いたらその上に重ねて巻き〈a〉、バランスよく3枚ずつ巻いてバラの花に見立てる。
❸ 絹さやは筋を取り、熱湯で約30秒塩ゆでしたら開き、真ん中を葉脈に見立てて葉型で抜く〈b〉。
❹ 弁当箱にごはんを詰め、❷と❸を配置する。

a

b

お花 アレンジレシピ

ひまわりはコーンを花びらに見立ててごはんにトッピング。アジサイはソーセージに花形のハムをのせ、大きな花を咲かせました。

ポイント
スペースがあれば、絹さやを塩ゆでし、葉に見立ててひまわりの横に飾って。夏の雰囲気がアップ。

ひまわりごはん

材料
ごはん…100g、ウインナー…½本、ホールコーン缶…16粒

作り方
❶ ウインナーは横半分に切り、断面部分に格子状の切り込みを入れ、熱湯で約1分ゆでる。
❷ 弁当箱にごはんを詰め、❶を差し込んで種部分に見立てる。ホールコーンをバランスよく配置し、ひまわりの花びらに見立てる。

ポイント
ボロニアソーセージは焼くと油が出てくるので、油をひかずに焼くことで油っぽくなりません。

アジサイのごはん

材料
ごはん…100g、ボロニアソーセージ…5㎜、ハム…½枚、大葉…1枚、パスタ…4㎝

作り方
❶ フライパンを熱し、ボロニアソーセージを両面焼く。
❷ ハムを花型で抜き、パスタで❶にとめる。
❸ 弁当箱にごはんを詰め、大葉を敷いて❷をのせる。

エビのスイートチリソース
メイン おかず

材料
エビ…中6尾、長ねぎ（白い部分）…3㎝、片栗粉…少々、スイートチリソース…大さじ1、塩・こしょう…各少々、サラダ油…適量

作り方
❶ エビは背ワタと殻を取り除き、片栗粉をまぶす。長ねぎはみじん切りにする。
❷ フライパンにサラダ油を熱し、長ねぎを炒め、香りが出たらエビを加えて2〜3分炒める。
❸ スイートチリソースを加え、塩・こしょうで味を調える。

しらすとキャベツの卵とじ
サブ おかず

材料
しらす…大さじ1、キャベツ…1枚、溶き卵…½個分、しょうゆ…小さじ1、顆粒だしの素…半つまみ、サラダ油…少々

作り方
❶ キャベツはざく切りにする。
❷ フライパンにサラダ油を熱し、❶を炒めてしんなりしたらしらすを加える。しょうゆとだしの素を加え、さらに炒め合わせる。
❸ あいたスペースに卵を流し入れ、ざっくりと全体をかき混ぜる。卵に火が通ったら完成。

女の子

アイスカップのおべんとう

電子レンジで温めると扱いやすくなるサンドイッチパンは、丸めてアイクリームに。スプーンをつけるとよりアイスクリームの雰囲気に。

メイン おかず
サブ おかず
キャラもの おかず!
キャラもの おかず!

アイスカップのサンドイッチ

材料

サンドイッチパン…2枚、生ハム…2枚、ハム…少々、ミントの葉…少々、うずらの卵…2個、のり…少々、マーガリン…少々、マヨネーズ…少々

ポイント

サンドイッチパンは電子レンジで温めることでやわらかくなり、丸い形を作りやすくなります。

作り方

❶ パンの4辺の真ん中に1㎝の切り込みを入れ〈a〉、ラップをかけて電子レンジで約10秒加熱する。

❷ うずらの卵は約8分ゆでて殻をむき、それぞれに生ハムを巻く。

❸ ❶の片面にマーガリンを塗って❷をのせ、ラップで絞って形を整える〈b〉。

❹ 冷蔵庫に❸を入れ、形が馴染んだらデザートカップに詰める。

❺ のりをパンチで抜いて目を、切って口を、ハムをストローで抜いて頬を作り、❹にマヨネーズで貼る。ミントを差し込んだら完成。

a

b

女の子 アレンジレシピ

小さなおにぎりを重ねたおだんごヘアの女の子。また 2 種類のチーズを使った麦わら帽子を作り、夏の元気な女の子を作ります。

おだんごヘアのおにぎり

材料

ごはん…100g、カニカマ…少々、のり…⅙ 枚強、めんつゆ…小さじ 1

作り方

❶ ごはんとめんつゆを混ぜて80gと20gに分け、ラップで丸く握る。
❷ 80gのおにぎりは帯状に切ったのりを交差するように巻き、ラップで馴染ませる。
❸ 20gのおにぎりはのりを全面に巻いてラップで馴染ませ、楊枝で❷に固定する。
❹ のりをパンチで抜いて目を、切って鼻と口を作り、❸に貼る。
❺ カニカマの赤い部分をはがし、ストローで抜いて頬部分に貼る。さらに四角く切ってヘアピンに見立て、❹の前髪に貼ったら完成。

ポイント
80gのおにぎりは、裏面までのりを巻いてしまうとかみ切れないので、表面だけのりを巻きましょう。

ポイント
ごはんが温かいとチーズが溶けてしまうので、ハムと重ねて溶けるのを防止しましょう。

麦わら帽子の女の子のごはん

材料

ごはん…100g、ハム…1 枚、カニカマ…1 本、スライスチーズ…1 枚、チェダーチーズ…½ 枚、のり…少々

作り方

❶ ハム、スライスチーズの順に重ねて楕円型で抜く。チェダーチーズを同じ楕円型で半円に抜き、スライスチーズの上部にのせる。
❷ チェダーチーズを楊枝で帽子のツバの形にカットし、❶にのせる。
❸ のりをパンチで抜いて目、鼻、口を、切って髪の毛を作り、❷に貼る。カニカマの赤い部分をはがし、ストローで抜いて頬部分に貼る。
❹ のりをおさげの形に切り、スライスチーズにのせて輪郭を楊枝でカットする。
❺ 弁当箱にごはんを詰め、❸をのせて❹を両側に配置する。

メイン おかず

カジキマグロのベーコン巻き

材料

カジキマグロ…½ 切れ、ベーコン…1 枚、酒…大さじ 1、塩・こしょう…各少々、バター…少々

作り方

❶ カジキマグロは半分に切り、塩・こしょうを振って下味をつける。
❷ ベーコンを横半分に切り、❶をそれぞれ巻く。
❸ フライパンにバターを温め、❷の巻き終わりを下にして焼く。
❹ 裏返して酒を振ったらふたをし、3〜4分蒸し焼きにする。カジキマグロが白っぽくなったらできあがり。

サブ おかず

かぼちゃとチーズの茶巾絞り

材料

かぼちゃ…50g、レーズン…6 粒、クリームチーズ…10g、砂糖…小さじ 1、塩…少々

作り方

❶ かぼちゃは3cm角に切り、水で濡らしたラップをかけて電子レンジで約1分加熱する。
❷ 粗熱が取れたら皮をむいてフォークでつぶし、レーズン、1cm角に切ったクリームチーズ、砂糖、塩を混ぜ合わせる。
❸ 半分にし、ラップで茶巾に絞ったら完成。

男の子

水泳帽の男の子のおべんとう

日焼けした顔を、めんつゆを混ぜたごはんで表現しました。カニカマを水泳帽に見立て、夏休みに水泳に励む男の子のできあがりです。

メイン
おかず
サブ
おかず
キャラもの
おかず！
キャラもの
おかず！

水泳帽の男の子のおにぎり

材料

ごはん…100g、カニカマ…2本、スライスチーズ…少々、のり…少々、めんつゆ…小さじ1、ケチャップ…少々

ポイント

おにぎりとカニカマが密着しづらいときは、ラップでしっかり握って馴染ませるとくっつきます。

作り方

❶ ごはんにめんつゆを混ぜて半分にし、ラップで丸く握る〈a〉。

❷ カニカマの赤い部分をはがし、❶に巻いてラップで形を整え〈b〉、水泳帽に見立てる。

❸ のりをパンチで抜いて目を、切って前髪と口を作り、❷に貼る。

❹ スライスチーズを長方形に切り、❸の水泳帽の真ん中に貼る。ケチャップで頬を染めたら完成。

a

b

男の子 アレンジレシピ

おにぎり２種類を男の子にアレンジ。ごまを坊主頭に見立てた元気な男の子と、うずらの卵を小さな帽子にした水兵さんです。

ポイント
パスタはゆでずに刺します。ごはんの水分でやわらかくなるので、そのまま食べてOK。

坊主くんのおにぎり

材料
ごはん…100g、にんじんの輪切り…5㎜、のり…少々、黒炒りごま…少々、めんつゆ…小さじ１、パスタ…４㎝

作り方
❶ ごはんにめんつゆを混ぜて半分にし、ラップで丸く握る。
❷ のりをパンチで抜いて目と口を、切ってV字の目を作り、❶に貼る。
❸ ごまを❷の上部にまぶし、坊主頭に見立てる。
❹ にんじんを約3分ゆでてストローで抜き、パスタで頬部分にとめる。

ポイント
固定するときはパスタを使うこともありますが、うずらの卵は固定しにくいので楊枝を使って。

水兵さんのおにぎり

材料
ごはん…100g、お好みの具（梅干し、ツナ、サケなど）…少々、カニカマ…１本、うずらの卵…２個、のり…少々、塩…適量、パスタ…４㎝

作り方
❶ ごはんに塩を混ぜて半分にし、お好みの具を詰めてラップで丸く握る。
❷ のりをパンチで抜いて目を、切って前髪、鼻、口を作り、❶に貼る。カニカマの赤い部分をはがし、ストローで抜いてパスタで頬部分にとめる。
❸ うずらの卵は約8分ゆでて殻をむく。
❹ カニカマの赤い部分を2㎜幅の帯状にし、❸に巻いて帽子に見立て、楊枝で❷に固定する。

メイン おかず

肉だんごの甘酢あん

材料
豚ひき肉…60g、長ねぎ（白い部分）…２㎝、おろししょうが…少々、片栗粉…小さじ½、A［しょうゆ…大さじ１、酒…大さじ１、砂糖…大さじ１、黒酢…大さじ１、水…50㏄］、しょうゆ…小さじ１、黒こしょう…少々、ごま油…小さじ１、揚げ油…適量

作り方
❶ 長ねぎはみじん切りにし、ひき肉、しょうが、しょうゆ、ごま油とよく混ぜ合わせる。
❷ 4等分にして丸く形を整え、170℃の揚げ油で揚げる。
❸ 小鍋にAを入れて火にかけ、ひと煮立ちさせたら❷を加える。
❹ 片栗粉を水小さじ1（分量外）で溶き、❸に加えてとろみをつける。黒こしょうを振ったら完成。

きゅうりのゆかり和え

サブ おかず

材料
きゅうり…３㎝、大葉…½枚、ゆかり…ひとつまみ、塩…少々、ごま油…少々

作り方
❶ きゅうりは乱切りにし、塩もみをしたら水気を絞る。大葉は刻む。
❷ ❶、ゆかり、ごま油を混ぜ合わせたら完成。

かたつむりのおべんとう

梅雨の時期、アジサイの葉にくっつくかたつむりをイメージしました。葉っぱはハムで、かたつむりは2種類のチーズを使っています。

メイン
おかず
サブ
おかず
キャラもの
おかず!
キャラもの
おかず!

かたつむりのハムチーズ

材料
ハム…1枚、スライスチーズ…½枚、チェダーチーズ…¼枚、のり…少々、ケチャップ…少々、マヨネーズ…少々

ポイント
作業しているうちにチーズがやわらかくなってしまったら、一度冷蔵庫で冷やしてください。

作り方

❶ スライスチーズは楊枝で細長い楕円にカットし〈a〉、かたつむりの体に見立てる。チェダーチーズは丸型で抜き、殻に見立てる。

❷ ハムをナイフで葉の形に切り、❶を配置する。

❸ のりをパンチで抜いて目を、切って殻の模様と口を作り、❷に貼る。さらにV字に切って触角を作り〈b〉、マヨネーズで貼る。ケチャップで頬を染めたら完成。

a
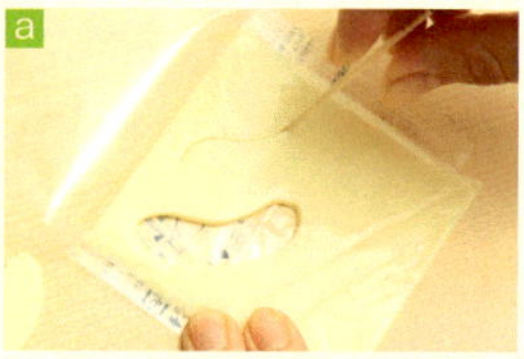

b

動物 女の子編 アレンジレシピ

真ん丸のおにぎりが 2 種類の動物に。ピンクに染めたおにぎりはかっぱに。のりで表情をつけただけのアザラシは超カンタン！

かっぱのおにぎり

材料

ごはん…100g、にんじんの輪切り…5 mm、チェダーチーズ…¼枚、のり…少々、花おすしの素…小さじ 1、パスタ…6 cm

作り方

1. ごはんに花おすしの素を混ぜて半分にし、ラップで丸く握る。
2. にんじんを約3分ゆでて雲型で抜き、パスタで❶の上部にとめる。さらにストローで丸く抜き、パスタで頬部分にとめる。
3. チェダーチーズを楕円型で抜き、にんじんの上にのせてお皿に見立てる。さらに小さな楕円型で抜き、半分に切って口を作り、❷に貼る。
4. のりをパンチで抜いて目を作り、❸に貼ったら完成。

ポイント
ストローににんじんが詰まったら、親指と人差し指の爪でストローを挟んで押し出しましょう。

アザラシのおにぎり

材料

ごはん…100g、お好みの具（梅干し、ツナ、サケなど）…少々、のり…少々、塩…少々

作り方

1. ごはんに塩を混ぜて半分にし、お好みの具を詰めてラップで丸く握る。
2. のりをパンチで抜いて目、鼻、口、ヒゲを作り、❶に貼る。

ポイント
目は真ん丸ではなく、楕円形などにしても。アザラシの表情に変化が出るので、ぜひ試してみて。

揚げコロッケ

メイン おかず

材料

じゃがいも…中 ½ 個、油揚げ…½ 枚、ひじきの煮物…適量、マヨネーズ…小さじ 2、塩・こしょう…各少々、揚げ油…適量

作り方

1. じゃがいもは水で濡らし、皮つきのままラップをかけて電子レンジで約2分加熱する。粗熱が取れたら皮をむいてフォークでつぶす。
2. ❶、ひじきの煮物、マヨネーズ、塩・こしょうをよく混ぜ合わせる。
3. 油揚げをひっくり返して❷を詰め、楊枝で口をとめる。180℃の揚げ油でこんがり揚げる。

しいたけの甘辛煮

サブ おかず

材料

しいたけ…3 枚、A［しょうゆ…小さじ 2、酒…小さじ 2、砂糖…小さじ 2、水…50 cc］

作り方

1. しいたけは軸を取る。
2. 小鍋にAを入れて火にかけ、ひと煮立ちさせたら❶を加え、煮汁が少なくなるまで煮る。

動物
男の子編

タコのおべんとう

にんじんとウインナーを組み合わせて作ったダイナミックなタコを、ごはんにトッピング。丸型で抜くだけでできちゃう楽チンなキャラ弁です。

タコのごはん

材料
ごはん…100g、赤ウインナー…1本、にんじんの輪切り…5㎜、のり…少々、だし汁…50cc、マヨネーズ…少々

ポイント
にんじんは葉に近いほうの直径の長い部分を選ぶと、ウインナーとのバランスがGOOD。

作り方

1. 小鍋にだし汁を入れて強火にかけ、にんじんを約3分煮る。
2. 赤ウインナーを熱湯で約1分ゆでたら両端を切り落とし、6等分の輪切りにする。1つはストローで真ん中を抜き、タコの口に見立てる〈a〉。
3. 弁当箱にごはんを詰め、❶をのせてタコの口に見立てた赤ウインナーを配置する。
4. のりをパンチで抜いて目を作り、❸にマヨネーズで貼る。タコの足に見立てた赤ウインナーを配置したら完成〈b〉。

a
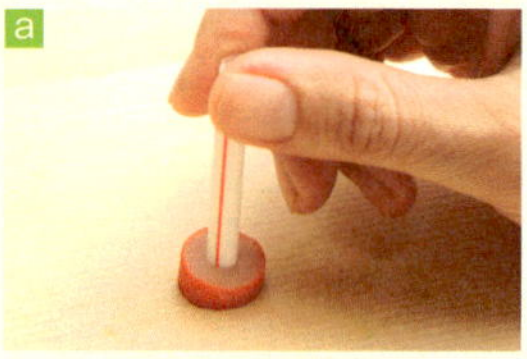

b

動物 男の子編 アレンジレシピ

チーズとハムのカモメは、海をイメージしてブルーのお弁当箱に。卵焼きをたてがみに見立てたライオンはごはんにのせて。

ポイント
ハムをチーズより少しだけ大きく切ることで、カモメが背景のごはんと同化せずに引き立ちます。

カモメのハムチーズ

材料
ハム…1枚、スライスチーズ…1枚、チェダーチーズ…½枚、のり…少々

作り方

❶ スライスチーズをカモメの型紙（P.85）に沿って楊枝でカットし、カモメの体を作る。さらにチェダーチーズを型紙に沿って楊枝でカットし、くちばしと足を作る。のりをパンチで抜いて目を、切って尾を作る。

❷ ハムの上に❶を配置し、余分な部分をナイフで切り落とす。

ポイント
卵焼きは焦がさないように、フライパンがよく温まってから弱火でじっくり焼くのがポイント。

ライオンのウインナー

材料
ウインナー…1本、卵…1個、のり…少々、マヨネーズ…少々、パスタ…4㎝、サラダ油…少々

作り方

❶ フライパンにサラダ油を熱し、溶いた卵を流し入れて菜箸でかき混ぜる。表面が固まってきたら三つ折りにし、弱火にして両面を約2分焼いたら花型で抜く。

❷ ウインナーを熱湯で約1分ゆで、横半分に切る。1枚輪切りにし、三角に切って耳を作る。

❸ ❶の真ん中をストローで抜き、ウインナーをはめ込む。❷の耳をパスタで固定する。

❹ のりをパンチで抜いて目、鼻、口、ヒゲを作り、❸にマヨネーズで貼る。

味噌カツ　メインおかず

材料
豚ひれ肉…60g、溶き卵…少々、小麦粉…少々、パン粉…少々、A［みりん…大さじ1½、赤味噌…大さじ1、砂糖…小さじ1、ウスターソース…小さじ1］、塩・こしょう…各少々、揚げ油…適量

作り方

❶ 豚肉は筋を切り、塩・こしょうを振って下味をつける。

❷ 小麦粉、卵、パン粉の順に衣をつけ、180℃の揚げ油でからりと揚げる。

❸ 小鍋にAを入れて火にかけ、とろっとするまで煮詰めたら❷にかける。

春菊のごま和え　サブおかず

材料
春菊…1本、A［白すりごま…小さじ2、しょうゆ…小さじ1、砂糖…小さじ1］

作り方

❶ 春菊は熱湯で約30秒塩ゆでし、冷水にさらしたら水気をきる。

❷ Aで❶を和えたらできあがり。

乗りもの

船のおべんとう

おにぎりをユニークな形に変形させて船を作りました。少し斜めにお弁当箱に入れると、まるで穏やかな海を走っているような雰囲気に。

キャラもの おかず!
メイン おかず
サブ おかず
キャラもの おかず!

船のおにぎり

材料
ごはん…100g、お好みの具（梅干し、ツナ、サケなど）…少々、赤ウインナー…少々、のり…¼ 枚、塩…少々、パスタ…2 cm

ポイント
同じ形にのりを切るときは、半分に折って切ると、対称形になるのできれいに仕上がります。

作り方

❶ ごはんに塩を混ぜて半分にし、お好みの具を詰めてラップで三角に握り、両端を指でへこませて船の形に整える〈a〉。

❷ のりは1㎝幅の帯状に2本作り、船のラインに見立てて❶に巻く。さらに、のりを2枚にして重ね、半円に切る。それぞれ半分に切って窓に見立て〈b〉、❶に配置する。

❸ 赤ウインナーを熱湯で約1分ゆで、輪切りにする。ストローで真ん中を抜いて浮き輪に見立て、パスタで❷に固定する。

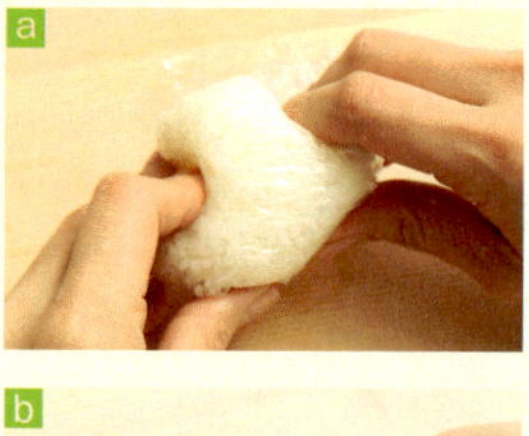
a

b

乗りもの アレンジレシピ

赤ウインナーの船と、絹さやとにんじんを組み合わせたヨットの色が映える元気カラーのお弁当です。

ポイント
2種類のチーズが余ったら雲の型で抜いて、船の上に散らすと夏の海っぽく仕上がります。

船のウインナー

材料
赤ウインナー…2 本、スライスチーズ…少々、チェダーチーズ…少々

作り方
1. 赤ウインナーは長さの違うものを2本用意し、熱湯で約1分ゆでて冷ます。
2. 縦半分に切り、大小のサイズを組み替えて断面を合わせ、ピックでとめる。
3. スライスチーズを長方形に切り、窓に見立てて❷に配置する。
4. チェダーチーズは大小のストローで抜いて浮き輪に見立て、❸に貼る。

ポイント
絹さやの下にふりかけを振ると、まるで波に揺られているかのような仕上がりになります。

お野菜ヨット

材料
にんじんの輪切り…5 ㎜、絹さや…1 枚、チェダーチーズ…少々

作り方
1. 絹さやは筋を取り、熱湯で約30秒塩ゆでして船体に見立てる。にんじんは三角に切り、約3分塩ゆでして帆に見立てる。
2. にんじんをピックで刺して絹さやにとめ、星型で抜いたチェダーチーズを帆の部分にのせる。

ちくわの牛肉巻き

メイン おかず

材料
牛もも薄切り肉…2 枚、ちくわ…½ 本、A [しょうがのみじん切り…少々、しょうゆ…小さじ 2、酒…小さじ 2、砂糖…小さじ 2、水…50 cc]

作り方
1. ちくわを横半分に切り、牛肉を巻きつける。
2. 小鍋にAを入れて火にかけ、ひと煮立ちさせたら❶を加え、煮汁が少なくなるまで煮詰める。

キャベツの甘酢漬け

サブ おかず

材料
キャベツ…1 枚、A [酢…大さじ 2、砂糖…大さじ 2、塩…ひとつまみ]、塩…少々

作り方
1. キャベツはざく切りにし、塩もみをして約15分おいたら水気をきる。
2. 小鍋にAを入れて火にかけ、ひと煮立ちさせたら火を止める。❶を加え、約1時間漬ける。

夏の行事

花火のおべんとう

夏の夜空を彩る花火は、黒糖パンに「デコペン」でお絵かきしたサンドイッチで表現。自分好みの、赤、青、黄色などの色に染めてみて。

キャラもの
おかず！
サブ
おかず
メイン
おかず
キャラもの
おかず！

打上げ花火のサンドイッチ

材料
黒糖パン…2個、マーガリン・ジャムなど…適量、デコペン（白・黄色・オレンジなど）…適量

ポイント
デコペンに使うお湯は、マグカップに水を入れて電子レンジで約1分加熱するとちょうどいいです。

作り方

❶ 黒糖パンの上部を切り落とし、厚みを半分に切ったら丸型で抜き〈a〉、片面にマーガリンやジャムを塗って重ねる。

❷ デコペンをお湯で温め、❶の表面に花火の模様を描く〈b〉。

❸ 冷蔵庫に入れて表面が固まったら完成。

a

b

夏の行事アレンジレシピ

おにぎりにはのりを使ってパッと開く花火を再現。サンドイッチパンにはコーンとグリーンピースを埋め込んで花火の完成です。

花火のおにぎり

ポイント
刻みのりは放射状に等間隔で貼ると、きれいな形の花火に仕上がります。アレンジも楽しんで。

材料
ごはん…100g、お好みの具（梅干し、ツナ、サケなど）…少々、刻みのり…少々、ぶぶあられ…少々、塩…少々

作り方
1. ごはんに塩を混ぜて半分にし、お好みの具を詰めてラップで丸く握る。
2. 刻みのりを1㎝長さに切り、花火の模様になるように1に貼る。刻みのりの先にぶぶあられを1粒ずつ配置したら完成。

ポイント
グリーンピースやホールコーンを埋め込む穴は、ストローを指でつぶして楕円形にします。

花火のサンドイッチ

材料
サンドイッチパン…2枚、ハム…1枚、グリーンピース…6粒、ホールコーン缶…8粒、スライスチーズ…1枚、マーガリン…少々

作り方
1. パンの片面にマーガリンを塗り、ハムとスライスチーズを挟む。
2. 半分に切り、表面にストローを押し当てて花火の模様に抜く。
3. 抜いた穴にグリーンピースとホールコーンを埋め込んだら完成。

タンドリーチキン
メインおかず

材料
鶏もも肉…½枚、A［おろししょうが…少々、プレーンヨーグルト…大さじ1、カレー粉…大さじ½、ケチャップ…大さじ½］、塩・こしょう…各少々

作り方
1. 鶏肉はフォークで数カ所刺し、塩・こしょうを振る。
2. 密閉保存袋にAと1を入れてひと晩浸ける。
3. 皮目を上にし、180℃のオーブンで8～10分焼く。

コールスロー
サブおかず

材料
キャベツ…1枚、きゅうり…3㎝、ホールコーン缶…大さじ2、A［マヨネーズ…小さじ2、酢…小さじ½、はちみつ…少々］、塩…少々

作り方
1. キャベツときゅうりは粗みじん切りにし、塩もみをしたら水気を絞る。
2. 1、ホールコーン、Aをよく混ぜ合わせたらできあがり。

2
column

1年に一度の夏イベント

7月7日

七夕のおべんとう

彦星さまと織姫さまが、1年に一度だけ会うロマンティックな日が七夕。
それにちなんで2人をおにぎりで作ってみましょう。

① 彦星さまと織姫さまのおにぎり

材料

ごはん…100g、お好みの具（梅干し、ツナ、サケなど）…少々、ハム…少々、スライスアーモンド…2枚、おしゃぶり昆布…1本、のり…¼枚、黒炒りごま…2粒、塩…少々、パスタ…4㎝

作り方

❶ごはんに塩を混ぜて半分にし、お好みの具を詰めてラップで三角に握る。❷のりを半分に切り、片側の真ん中に台形の切り込みを入れて前髪を作り、❶に巻いてラップで馴染ませる。❸のりをパンチで抜いて目を、切って鼻と口を作り、❷に貼る。❹ハムをストローで抜き、パスタで頬部分にとめる。❺昆布を長めの楕円に切り、❹の1つに差し込む。スライスアーモンドを2枚並べてもう一方のおにぎりに差し込み、目の部分にごまをつけてまつげに見立てる。

② 牛肉の甘辛炒め

材料

牛肉（焼き肉用）…60g、A［おろしりんご…小さじ2、おろししょうが…少々、おろしにんにく…少々、しょうゆ…小さじ2、酒…小さじ2、コチュジャン…小さじ¼、塩・こしょう…各少々］、白炒りごま…少々、ごま油…少々

作り方

❶密閉保存袋に牛肉とAを入れて約1時間浸ける。❷フライパンにごま油を熱し、❶を炒める。牛肉に火が通ったらごまを振って完成。

③ 切り干し大根サラダ

材料

ツナ缶…少々、きゅうり…2㎝、切り干し大根…5g、A［しょうゆ…小さじ1、酢…小さじ1、ごま油…小さじ1、砂糖…ひとつまみ］

作り方

❶きゅうりは細切りにする。切り干し大根は水に約20分浸けて戻し、ざく切りにする。❷❶、ツナ、Aを混ぜ合わせたら完成。

秋

CHAPTER 3

スポーツの秋、芸術の秋、食欲の秋はもちろん、
お月見やハロウィンもあって、秋はイベントが目白押し。
そんな秋のイベントにちなんだお弁当で、
秋をもっともっと満喫しましょう。

秋のおべんとう

落ち葉オムライスのおべんとう

夏とは一転、真緑の葉から
黄色や赤い葉に変わっていく景色は秋ならでは。
そんな落ち葉たちをオムライスで作っちゃいました。

キャラものおかず!

落ち葉のオムライス

材料

ごはん…100g、カニカマ…少々、スライスチーズ…1枚強、卵…1個、のり…少々、白炒りごま…少々、めんつゆ…小さじ1、マヨネーズ…少々、サラダ油…少々

作り方

1. ごはんにごまとめんつゆを混ぜ、ラップで落ち葉の形に整える。
2. 「たんぽぽのごはん」(P.17)の作り方❶の要領で薄焼き卵を作る。
3. ラップに❷、スライスチーズ、❶の順にのせる。薄焼き卵の外側2cmの余分な部分を切り落とし、巻きやすいように3cm間隔に、1cmの切り込みを放射状に入れる〈a〉。

a

4. ラップで形を整え〈b〉、のりをパンチで抜いて目を、切って口を作り、マヨネーズで貼る。カニカマの赤い部分をはがし、ストローで抜いて頬部分に貼る。スライスチーズをいちょう型で抜き、バランスよく配置したら完成。

b

ポイント
ごはんが多すぎると形が整いにくいので、薄焼き卵の大きさに合わせてごはんの量を調整しましょう。

メインおかず

サケの照り焼き

材料

サケ…½切れ、小麦粉…少々、A[みりん…小さじ2、しょうゆ…小さじ1、酒…小さじ1、塩…少々]、酒…少々、塩…少々、サラダ油…適量

作り方

1. サケに酒と塩を振って約5分おく。水気を拭き取り、小麦粉をはたく。
2. フライパンにサラダ油を熱し、❶を両面焼いたら一度取り出す。
3. 同じフライパンにAを入れて火にかけ、ひと煮立ちさせたら❷を戻し入れて絡める〈a〉。

a

サブおかず

さつまいもの千切り炒め

材料

さつまいも…3cm、塩…少々、バター…少々

作り方

1. さつまいもは千切りにし、水にさらしたら水気をきる。
2. フライパンにバターを温め、❶を炒め、塩を振って透き通るまで火を通す〈a〉。

a

ウインナー&にんじんで秋らしくするためのポイント

ウインナーで!

赤ウインナーで落ち葉を、赤と皮なしウインナーを組み合わせてどんぐりを作ります。

1
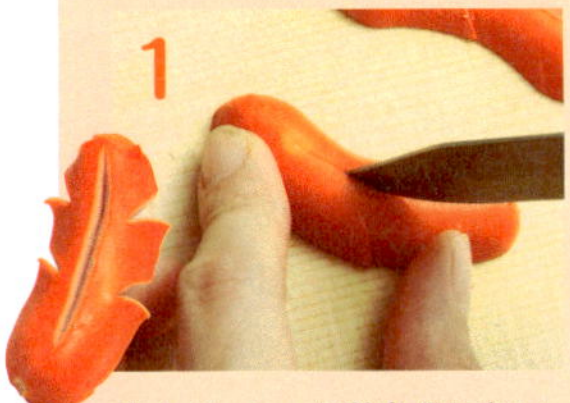

赤ウインナーを縦半分に切り、真ん中にナイフの刃先で切り込みを入れて葉脈を作る。

2

両側にそれぞれ2カ所切り込みを入れ、熱湯で約1分ゆでたら落ち葉のできあがり。

1

赤ウインナーと皮なしウインナーを横半分に切り、楊枝で組み合わせてどんぐりを作る。

にんじんで!

5mm幅のゆでたにんじんを、いちょうや落ち葉、きのこなど、秋をイメージする植物や食べものの型で抜きます。

コスモスのおべんとう

お花

濃いピンクや薄いピンク、いろいろなピンクが楽しめるコスモスは秋の代表的な花。ソーセージとチーズの組み合わせで、お弁当が花畑に早変わり。

コスモスのサンドイッチ

材料

サンドイッチパン…２枚、ボロニアソーセージ…５㎜×２枚、きゅうり…２㎝、 ディル…適量、チェダーチーズ…¼枚、ゆで卵…½個、マヨネーズ…小さじ１、塩・こしょう…各少々

ポイント

ソーセージは焼くと油が出るので、油をひかずに焼くと油っぽくならずおいしく焼けます。

作り方

❶ ゆで卵の黄身はフォークでつぶし、白身は細かく刻んで混ぜ合わせる。

❷ ❶、みじん切りにしたディル、いちょう切りにしたきゅうり、マヨネーズ、塩・こしょうを混ぜ合わせる。

❸ パンの4辺の真ん中に1㎝の切り込みを入れ、ラップをかけて電子レンジで約10秒加熱する。

❹ ❸に❷をのせ、ラップで絞って形を整えたら〈a〉、冷蔵庫に入れて馴染ませる。

❺ ボロニアソーセージをコスモス型で抜き、熱したフライパンで両面焼いたら❹にのせる。

❻ チェダーチーズを丸型で抜き、楊枝の頭で花芯の模様をつけ〈b〉、❺にのせてディルを添える。

a

b

お花アレンジレシピ

ききょうは紫いもを、つぶつぶとした赤まんまはピンクに染めたごはんを材料にしました。可憐な秋の花の完成です。

ききょうのおいも

ポイント
紫いもはゆですぎると、型で抜くときにくずれやすいのでゆで加減に注意しましょう。

材料
紫いも…2㎝、スライスチーズ…少々

作り方
❶ 紫いもは1㎝幅の輪切りにし、水でさらす。熱湯でやわらかくなるまで塩ゆでし、ききょうの花型で抜く。
❷ スライスチーズをストローで抜いて花芯を作り、❶の真ん中にのせる。

赤まんまのごはん

材料
ごはん…100g、サラダほうれん草…適量、花おすしの素…ひとつまみ

作り方
❶ ごはん10gは花おすしの素を混ぜて色づけする。
❷ 弁当箱に残りのごはんを詰め、サラダほうれん草の葉と茎をバランスよく配置する。
❸ ❶を赤まんまの花に見立てて❷に配置したら完成。

ポイント
お箸を濡らしてからごはんで花の形を整えると、ごはんがくっつかずに作業がスムーズにできます。

ブロッコリーメンチ
メイン おかず

材料
豚ひき肉…40g、玉ねぎ…1/10個、ブロッコリー…1房、溶き卵…少々、小麦粉…適量、パン粉…少々、塩・こしょう…各少々、揚げ油…適量

作り方
❶ ブロッコリーは熱湯で約2分塩ゆでする。
❷ ひき肉とみじん切りにした玉ねぎをよく混ぜ合わせ、塩・こしょうを振って下味をつける。
❸ ❷で小麦粉をはたいた❶を包み、丸く形を整える。
❹ 小麦粉、卵、パン粉の順に衣をつけ、170℃の揚げ油でからりと揚げる。

りんごとセロリのサラダ
サブ おかず

材料
りんご…1/8個、セロリ…3㎝、パセリ…少々、A［レモン果汁…小さじ1、オリーブ油…小さじ1、塩・こしょう…各少々］

作り方
❶ りんごは薄切りにし、塩水にさらす。セロリは筋を取り、薄切りにする。
❷ Aで❶を和え、刻んだパセリを散らしたら完成。

女の子

栗帽子のおべんとう

いつもの三角おにぎりを変形させて栗の形に握ります。チーズやのり、カニカマで顔を作ればあっという間に栗帽子の女の子のできあがり。

サブおかず
メインおかず
キャラものおかず!
キャラものおかず!

栗帽子のおにぎり

材料
ごはん…100g、カニカマ…少々、スライスチーズ…½ 枚、のり…少々、めんつゆ…小さじ 1

ポイント
おにぎりはやや横長の三角に握って、上の角の部分だけ少し鋭角にすると栗らしくなります。

作り方

❶ ごはんにめんつゆを混ぜて半分にし、ラップでやや丸めの三角に握る〈a〉。
❷ スライスチーズを楕円型で抜いて顔部分に見立て、❶に配置する。
❸ のりをパンチで抜いて目を、切って鼻と口を、のりを2枚重ねて半円に切って前髪を作り〈b〉、❷に貼る。
❹ カニカマの赤い部分をはがし、丸型で抜いて頬部分に貼ったら完成。

a

b

女の子 アレンジレシピ

しいたけの佃煮をベレー帽に見立てて女の子に。音楽会をイメージした音符のおにぎりは、のりと昆布のコンビで作りました。

ベレー帽の女の子のおにぎり

材料

ごはん…100g、にんじんの輪切り…5㎜、しいたけの佃煮…2枚、のり…¼枚強、塩…少々、パスタ…4㎝

作り方

1. ごはんに塩を混ぜて半分にし、ラップで丸く握る。
2. のりを4等分にし、❶に交差するように巻いてラップで馴染ませる。のりをパンチで抜いて目を、切って鼻と口を作り、配置する。
3. しいたけの佃煮をベレー帽に見立て、ピックで❷に固定する。
4. にんじんは約3分ゆでてストローで抜き、パスタで頬部分にとめる。

ポイント
のりを貼るときは、逆V字にしておでこになることをイメージして角度を決めましょう。

ポイント
ストローは四角や楕円、半円など、指でつぶすことで好きな形を自由自在に作れます。

音符ちゃんのおにぎり

材料

ごはん…100g、お好みの具（梅干し、ツナ、サケなど）…少々、カニカマ…1本、おしゃぶり昆布…2本、のり…¼枚強、塩…少々

作り方

1. ごはんに塩を混ぜて半分にし、お好みの具を詰めてラップで丸く握る。
2. のりを半分に切り、❶の上部に巻いてラップで馴染ませる。のりをパンチで抜いて目を、切って鼻を作り、配置する。
3. カニカマの赤い部分をはがし、ストローで抜いて頬を、月形につぶしたストローで抜いて口を作り、それぞれ❷に貼る。
4. 昆布を音符の形に切り、❸に差し込む。

エリンギの豚肉巻き（メインおかず）

材料

豚もも薄切り肉…2枚、エリンギ…1本、小麦粉…少々、A［オイスターソース…小さじ1、酒…小さじ1、みりん…少々］、塩・こしょう…各少々、サラダ油…適量

作り方

1. エリンギは縦4等分にする。
2. 豚肉に塩・こしょうを振って下味をつけ、❶を2本ずつ巻いたら小麦粉をはたく。
3. フライパンにサラダ油を熱し、❷の巻き終わりを下にして焼く。
4. Aを加えて絡め、塩・こしょうで味を調えたら完成。

にんじんのぽん酢和え（サブおかず）

材料

にんじん…縦¼本、白練りごま…小さじ½、白炒りごま…少々、ぽん酢…小さじ2

作り方

1. にんじんは皮をむいてピーラーでスライスする。
2. ラップをかけて電子レンジで約40秒加熱し、練りごまとぽん酢で和える。炒りごまを振ったら完成。

男の子

はちまきの男の子のおべんとう

秋の一大イベントといえば運動会。元気いっぱいの男の子のおにぎりでパワーアップ。見ているだけで元気になれそうなお弁当です。

メイン
おかず
サブ
おかず
キャラもの
おかず!
キャラもの
おかず!

はちまきの男の子のおにぎり

材料

ごはん…100g、お好みの具(梅干し、ツナ、サケなど)…少々、カニカマ…2本、のり…少々、黒炒りごま…4粒、塩…少々

ポイント

目と目の間隔や口の大きさ、眉毛の位置によって表情が変わるので、お好みの顔に仕上げましょう。

作り方

❶ ごはんに塩を混ぜて半分にし、お好みの具を詰めてラップで丸く握る。

❷ カニカマの赤い部分をはがし、5㎜幅の帯状に2本作ってはちまきに見立て、❶に巻く〈a〉。

❸ のりをパンチで抜いて目を、切って口を作り、❷に貼る。カニカマの赤い部分をストローで抜き、頬部分に貼る。

❹ ごまを眉毛に見立てて❸に配置したら完成〈b〉。

a

b

男の子 アレンジレシピ

おにぎりをベースにした楽しいピエロさんとお遊戯会の男の子が完成！ お弁当から楽しさがいっぱい伝わってきます。

ポイント
カニカマは上部のみに巻いています。裂けてしまっても一緒に巻いてしまえばOKです。

ピエロのおにぎり

材料
ごはん…100g、カニカマ…2 本、にんじんの輪切り…5 ㎜、チェダーチーズ…少々、のり…少々、すしのこ…小さじ 1、パスタ…2 ㎝

作り方
❶ ごはんにすしのこを混ぜて半分にし、ラップで縦長の三角に握る。
❷ カニカマの赤い部分をはがし、❶の上部に巻いて帽子に見立てる。
❸ チェダーチーズを星型で抜き、❷の左目部分に貼る。さらに大きめの星型で抜き、❷の帽子部分に貼る。
❹ にんじんは約3分ゆでてストローで抜き、パスタで鼻部分にとめる。のりをパンチで抜いて目を、切って口を作り、❸に貼る。

ポイント
ソーセージで作ったクマにはのりが貼りつきにくいので、マヨネーズをのり代わりにしましょう。

お遊戯会のおにぎり

材料
ごはん…100g、ボロニアソーセージ…5 ㎜×2 枚、スライスチーズ…少々、のり…¼ 枚、すしのこ…小さじ 1、ケチャップ…少々、マヨネーズ…少々、パスタ…2 ㎝

作り方
❶ ごはんにすしのこを混ぜて半分にし、ラップで丸く握る。のりを半分に切り、片側の真ん中にV字の切り込みを入れて前髪を作り、おにぎりに巻いてラップで馴染ませる。
❷ ボロニアソーセージをクマ型で抜き、熱したフライパンで両面焼く。
❸ スライスチーズを雫型で抜き、❷に配置する。のりをパンチで抜いて男の子とクマの目を、切って鼻と口を作り、❶と❷にマヨネーズで貼る。
❹ ケチャップで頬を染め、クマがお面に見えるようにパスタでおにぎりにとめる。

手羽中のお酢煮

メイン おかず

材料
手羽中…3 本、A［しょうがの薄切り…1 枚、しょうゆ…大さじ 1、砂糖…大さじ 1、酢…大さじ 1、水…50 cc］

作り方
❶ 手羽中はフォークで数カ所刺す。
❷ 小鍋にAを入れて火にかけ、ひと煮立ちさせたら❶を加える。落としぶたをし、約10分煮る。

ひじき卵

サブ おかず

材料
ひじきの煮物…適量、卵…1 個、顆粒だしの素…少々、サラダ油…適量

作り方
❶ ひじきの煮物、卵、だしの素をよく混ぜ合わせる。
❷ フライパンにサラダ油を熱し、❶を流し入れて菜箸で手早く炒る。
❸ ❷が熱いうちにラップで茶巾に絞り、冷ましたらできあがり。

動物 女の子編

リスのおべんとう

木々の間を駆けていくリスがお弁当に登場。型紙から作ってチーズとのりをカット、ちょっぴりテクニックが必要な手の込んだお弁当に！

サブ おかず
メイン おかず
キャラもの おかず！
キャラもの おかず！

リスのチーズ

材料
スライスチーズ…1枚、チェダーチーズ…¼枚、のり…⅙枚

ポイント
❷でチーズが反り返らないようにするために、のりの他にハムで代用してもいいです。

作り方

❶ のりは半分に折り、リスの型紙（P.85）に沿って2枚重ねて切る〈a〉。

❷ 1枚ののりをスライスチーズにのせ、輪郭を楊枝でカットする。裏面に反り返り防止のため、もう1枚ののりを貼る〈b〉。

❸ チェダーチーズを型紙に沿って楊枝でカットし、尾を作って❷に貼る。さらにストローで抜き、鼻部分に貼る。

a

b

動物 女の子編 アレンジレシピ

チーズやのりさえあれば、好きな動物の形に切ってごはんにトッピング。大好きな動物入りのかわいいお弁当のできあがり。

ポイント
ごはんが温かいとチーズが溶けてしまうので、しっかり冷めてからのせるようにしましょう。

はりねずみのチーズ

材料
スライスチーズ…1 枚、のり…¼ 枚、ケチャップ…少々

作り方

❶ のりは半分に折り、はりねずみの体の形に2枚重ねて切る。
❷ 1枚ののりをスライスチーズにのせ、輪郭を楊枝でカットする。裏面に反り返り防止のため、もう1枚ののりを貼る。
❸ スライスチーズを雫型で抜いて顔部分を、ストローで抜いて耳を、楊枝でカットして前足を作り、❷に配置する。
❹ のりをパンチで抜いて目と鼻を作り、❸の顔部分に貼る。ケチャップで頬を染める。

ポイント
お弁当の大きさに合わせて、みのむしの大きさや数を調整するようにしましょう。

みのむしのハムチーズ

材料
ハム…1 枚、スライスチーズ…1 枚、のり…¼ 枚

作り方

❶ のりを丸く2枚ちぎり、スライスチーズに貼る。
❷ のりを細長く切ってみのむしの糸を、パンチで抜いて瞳を作る。スライスチーズをストローで抜いて目を作り、それぞれ❶に配置する。
❸ みのむしの輪郭を楊枝でカットしたらハムにのせ、余分な部分をナイフで切り落とす。

酢豚

メイン おかず

材料
豚肉（しゃぶしゃぶ用）…3 枚、タケノコ（水煮）…20g、小麦粉…少々、A［しょうゆ…大さじ 1、酒…大さじ 1、黒酢…大さじ 1、砂糖…大さじ 1 弱］、塩・こしょう…各少々、黒こしょう…少々、ごま油…少々

作り方

❶ 豚肉に塩・こしょうを振って丸め、小麦粉をはたく。タケノコはひと口大に切る。
❷ フライパンにごま油を熱し、豚肉、タケノコの順に炒める。Aを加えたら強火にし、汁気が少なくなるまで炒める。黒こしょうを振って完成。

春雨サラダ

サブ おかず

材料
ハム…½ 枚、きゅうり…2 ㎝、塩蔵ワカメ…5g、春雨…10g、中華ドレッシング…大さじ 1、塩・こしょう…各少々

作り方

❶ ハムときゅうりは細切りにする。ワカメは塩を洗い流し、1㎝幅に切る。春雨は表示通りにゆで、冷水にとる。
❷ 中華ドレッシングで❶を和え、塩・こしょうで味を調える。

動物 男の子編

黒ねこのおべんとう

おにぎりの形を整え、全面にのりを貼って黒ねこを作ります。カニカマを使ってヒゲなどを作ると、色が映えるのではっきりとした顔立ちになります。

サブ
おかず
メイン
おかず
キャラもの
おかず！
キャラもの
おかず！

黒ねこのおにぎり

材料

ごはん…100g、お好みの具（梅干し、ツナ、サケなど）…少々、カニカマ…1 本、スライスチーズ…少々、のり…½ 枚強、塩…少々

ポイント

おにぎりはまず軽めに丸く握ってから、上部を指でへこませながら耳を作りましょう。

作り方

❶ ごはんに塩を混ぜて半分にし、お好みの具を詰めてラップで丸めに握る。

❷ のりを半分に切って❶に巻き、ラップでねこの形に整える〈a〉。

❸ カニカマの赤い部分をはがし、ストローで抜いて鼻を、細長く切って口とヒゲを作り、❷に貼る。

❹ スライスチーズを楕円につぶしたストローで抜いて目を、のりをパンチで抜いて瞳を作り、❸に貼ったらできあがり〈b〉。

a

b

動物 男の子編 アレンジレシピ

おにぎりをベースにしてソーセージやウインナーで耳を作り、のりで顔の表情をつけたら、たぬきとねずみの 2 種類の完成です。

ポイント
耳にするウインナーは、縦横半分に切って 4 等分にし、丸みのある部分を使うとかわいい仕上がりに。

たぬきのおにぎり

材料

ごはん…100g、ウインナー（プチフランク）…1 本、スライスチーズ…¼ 枚、のり…少々、めんつゆ…小さじ 1、パスタ…4 cm

作り方

❶ ごはんにめんつゆを混ぜて半分にし、ラップで丸く握る。
❷ ウインナーを約1分ゆでたら4等分に切って耳に見立て、パスタで❶にとめる。
❸ スライスチーズを楊枝でカットして顔部分を、ストローで抜いて目を作り、❷に配置する。
❹ のりをパンチで抜いて瞳、鼻、口を作り、❸に貼ったら完成。

ポイント
パスタはごはんの水分でやわらかくなるので、ゆでずに耳をつけるために使いましょう。

ねずみのおにぎり

材料

ごはん…100g、お好みの具（梅干し、ツナ、サケなど）…少々、魚肉ソーセージ…2 cm、のり…少々、ケチャップ…少々、塩…少々、パスタ…4 cm

作り方

❶ ごはんに塩を混ぜて半分にし、お好みの具を詰めてラップで丸く握る。
❷ ソーセージを5mm幅に切って耳に見立て、パスタで❶にとめる。
❸ のりをパンチで抜いて目と鼻を、切って口とヒゲを作り、❷に貼る。ケチャップで頬を染めたら完成。

ハムチーズフライ

メイン おかず

材料

ハム…1 枚、スライスチーズ…1 枚、溶き卵…少々、小麦粉…少々、パン粉…少々、揚げ油…適量

作り方

❶ スライスチーズは常温に戻し、ハムの上にのせて端から巻く。
❷ 小麦粉、卵、パン粉の順に衣をつけ、冷蔵庫に入れてチーズを馴染ませる。
❸ 180℃の揚げ油でからりと揚げたらできあがり。

かぼちゃのひき肉あん

サブ おかず

材料

豚ひき肉…20g、かぼちゃ…60g、片栗粉…小さじ ½、しょうゆ…大さじ 1、酒…小さじ 2、砂糖…小さじ 2、水…100 cc

作り方

❶ かぼちゃは2cm角に切る。
❷ 小鍋に片栗粉以外のすべての材料を入れて火にかけ、ひと煮立ちさせたら落としぶたをし、弱火にして約15分煮る。
❸ かぼちゃを取り出し、煮汁に水小さじ1（分量外）で溶いた片栗粉を加えてとろみをつける。
❹ 取り出したかぼちゃに❸をかけたら完成。

飛行機のおべんとう

おにぎりを機体に見立てて窓やプロペラをつけ、飛行機の顔を作ります。のりやチーズを使うと窓や顔などの細かいパーツ作りが楽チンに！

サブ
おかず
メイン
おかず
キャラもの
おかず！
キャラもの
おかず！

飛行機のおにぎり

材料

ごはん…100g、お好みの具（梅干し、ツナ、サケなど）…少々、赤ウインナー…¼本、カニカマ…1本、チェダーチーズ…少々、のり…少々、塩…少々、パスタ…7cm

ポイント

❺の両脇から刺すパスタは、1本にすると折れやすいので、左右からそれぞれ刺しましょう。

作り方

❶ ごはんに塩を混ぜ、お好みの具を詰めてラップで丸めの三角に握る。

❷ のりをパンチで抜いて目を、切って窓と口を作り、❶に貼る。

❸ カニカマの赤い部分をはがし、5mm幅の帯状にして❷の下部に巻く。さらにストローで抜き、頬部分に貼る。

❹ チェダーチーズを星型で抜き、❸に貼る。

❺ 約1分ゆでた赤ウインナーの先端を切り、素揚げしたパスタを2cmずつ両脇に刺し、プロペラに見立てる〈a〉。

❻ ❺の上部に素揚げした3cmのパスタを刺し、❹に固定する〈b〉。

a

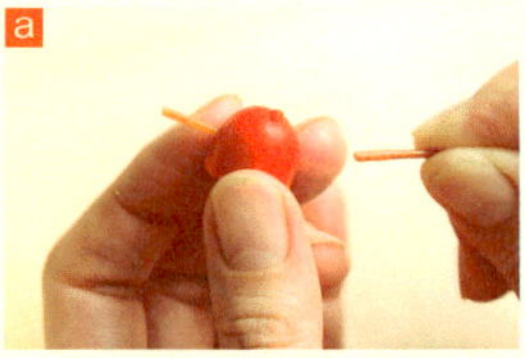

b

乗りものアレンジレシピ

男の子に人気の飛行機が入ったお弁当は、ウインナーやチーズを機体に見立てて作ります。お好みに合わせてアレンジを。

飛行機のウインナー

材料

赤ウインナー…2 本、魚肉ソーセージ…少々、チェダーチーズ…少々、パスタ…3 ㎝

作り方

❶ 赤ウインナーは熱湯で約1分ゆでて冷ます。
❷ 短いほうの赤ウインナーを横半分に切って翼に見立て、機体に見立てたもう1本の赤ウインナーにパスタで固定する。
❸ ソーセージを十字型で抜いてプロペラに見立て、❷にパスタでとめる。チェダーチーズを星型で抜き、配置したらできあがり。

ポイント
赤ウインナーは長さの違うものを選んで使いましょう。短いものがなければ長さの調整を。

ポイント
チーズはだれるとカットしにくいので、しっかり冷えたものを。やわらかかったら冷蔵庫に戻して。

飛行機のハムチーズ

材料

ハム…1 枚、カニカマ…1 本、スライスチーズ…1 枚、のり…少々

作り方

❶ スライスチーズを飛行機の型紙（P.85）に沿って楊枝でカットする。
❷ ハムにのせ、余分な部分をナイフで切り落とす。カニカマの赤い部分をはがし、5㎜幅の帯状にして飛行機のラインに見立て、❶に貼る。
❸ のりを長方形に切って窓を作り、❷に貼ったら完成。

鶏中華照り焼き

メイン
おかず

材料

鶏もも肉…60g、小麦粉…少々、A ［みりん…小さじ 1、酒…小さじ 1、オイスターソース…小さじ 1］、ごま油…少々

作り方

❶ 鶏肉は半分に切り、小麦粉をはたく。
❷ フライパンにごま油を熱し、❶を両面焼く。Aを加えて絡めたら完成。

焼きさつまいも

サブ
おかず

材料

さつまいも…2 ㎝、塩…少々

作り方

❶ さつまいもは1㎝幅の輪切りにし、水にさらしたら水気を拭き取る。
❷ フライパンを弱火で熱し、ふたをして❶を焼く。両面焼いたら塩を振る。

秋の行事

お月見うさぎのおべんとう

秋の名月を鑑賞する習慣の「お月見」。そのお月さまにはうさぎがいて……。
その姿をサンドイッチパンとチーズでかわいらしく仕上げました。

サブ
おかず
メイン
おかず
キャラもの
おかず!
キャラもの
おかず!

お月見うさぎのサンドイッチ

材料

サンドイッチパン…2枚、ハム…1枚、カニカマ…1本、ディル…少々、チェダーチーズ…1枚、スライスチーズ…少々、溶き卵…少々、小麦粉…少々、パン粉…少々、のり…少々、ウスターソース…少々、マーガリン…少々、揚げ油…適量

ポイント

お弁当箱はアルミなどふちが細いタイプものを使って。面積の⅔程度を使ってパンを抜きます。

作り方

❶ パンはお弁当箱で抜き〈a〉、片面にマーガリンを塗る。

❷ ハムを半分に切って重ね、小麦粉、卵、パン粉の順に衣をつけ、180℃の揚げ油で1～2分揚げる。ウスターソースをかけ、❶で挟む。

❸ チェダーチーズを楕円型で抜いて顔部分を、楊枝でカットして耳と手を作り、❷に配置する。スライスチーズを丸型で抜き、口元部分に配置する。

❹ のりをパンチで抜いて目と鼻を、切って口を作り〈b〉、❸に貼る。

❺ カニカマの赤い部分をはがし、ストローで抜いて頬部分に貼る。ディルを添えたら完成。

a

b

秋の行事 アレンジレシピ

秋の名物、お月見にまつわるおだんごや満月をお弁当で表現。おにぎりでおだんごを、ゆで卵で満月を作りました。

お月見だんごのおにぎり

材料

ごはん…100g、のり…少々、ケチャップ…少々、塩…少々

作り方

❶ ごはんに塩を混ぜて4等分にし、ラップで丸く握ったら串に2つずつ刺す。

❷ のりをパンチで抜いて目と口を作り、❶に貼る。ケチャップで頬を染めたら完成。

ポイント
のりで作る目や口の形を変えると、さまざまな表情のおにぎりになり、にぎやかなお弁当に。

満月卵

ポイント
雲を形どったチーズが溶けないように、ゆで卵がしっかり冷めてからのせるようにしましょう。

材料

スライスチーズ…少々、ゆで卵…½個、のり…少々、ケチャップ…少々、マヨネーズ…少々

作り方

❶ ゆで卵は座りがいいように、底部を切って平らにする。

❷ スライスチーズを雲型で抜き、❶にのせる。

❸ のりをパンチで抜いて目と口を作り、ゆで卵の黄身にマヨネーズで貼って満月に、スライスチーズに貼って雲に見立てる。ケチャップで頬を染めたら完成。

みのむしフライ（メインおかず）

材料

鶏ささ身…1本、じゃがいも…小1個、小麦粉…大さじ2、塩・こしょう…各少々、揚げ油…適量

作り方

❶ ささ身は筋を取って半分にし、塩・こしょうを振って下味をつける。じゃがいもは千切りにし、水にさらしたら水気をきる。

❷ ささ身を水大さじ2（分量外）で溶いた小麦粉にくぐらせ、じゃがいもをまぶす。

❸ 170℃の揚げ油でからりと揚げたら完成。

いんげんの味噌ピー和え（サブおかず）

材料

さやいんげん…5本、みりん…小さじ1、味噌…小さじ½、ピーナッツバター（無塩）…小さじ1

作り方

❶ さやいんげんは熱湯で約40秒塩ゆでし、3cm長さに切る。

❷ みりんで味噌とピーナッツバターを溶き、❶を和える。

3 column

1年に一度の秋イベント 10月31日

ハロウィンのおべんとう

おばけに扮して、収穫の祝いのごちそうを食べるハロウィン。おばけをおにぎりで作り、表情に変化をつけてにぎやかなお弁当の完成。

① おばけのおにぎり

材料
ごはん…100g、お好みの具（梅干し、ツナ、サケなど）…少々、スライスチーズ…¼枚、カニカマ…少々、のり…少々、塩…少々

作り方
❶ごはんに塩を混ぜて3等分にし、お好みの具を詰めてラップで丸く握る。❷のりをパンチで抜いて目を、切って口を作り、①に貼る。❸カニカマの赤い部分をはがし、つぶしたストローで抜いて舌を作り、②に貼る。❹スライスチーズを楊枝でカットして手を作り、③に貼ったら完成。

② 牛肉のごぼう巻き煮

材料
牛もも薄切り肉…2枚、ごぼう…8㎝、しょうがの薄切り…1枚、小麦粉…少々、A［しょうゆ…大さじ1、酒…大さじ1、砂糖…大さじ1、水…50㏄］

作り方
❶ごぼうは半分に切り、約5分ゆでる。❷牛肉で①を巻き、薄く小麦粉をはたく。❸小鍋にしょうがとAを入れて火にかけ、ひと煮立ちさせたら②を加える。落としぶたをし、煮汁が少なくなるまで煮たらできあがり。

③ 揚げなすの青じそドレッシング和え

材料
なす…½本、ピーマン…½個、青じそドレッシング…大さじ1、白炒りごま…ひとつまみ、揚げ油…適量

作り方
❶なすとピーマンはざく切りにし、素揚げしたら油をきる。❷青じそドレッシングで①を和え、仕上げにごまを振る。

冬

CHAPTER 4

1年を締めくくる冬。クリスマスにお正月、節分と大忙し。
わくわくすることの多い冬のお弁当は、
サンタさんにトナカイ、雪だるま、オニさん……と
たくさんのキャラクターが登場します。

冬のおべんとう

雪だるまのおべんとう

真ん丸に握ったおにぎりを重ねて
雪だるまのできあがり。帽子をかぶせたり、
目や鼻をつけたりとオリジナルの雪だるまに。

キャラものおかず！

雪だるまのおにぎり

材料
ごはん…100g、お好みの具（梅干し、ツナ、サケなど）…少々、赤ウインナー…¼本、しいたけの佃煮…1枚、のり…少々、塩…少々、パスタ…1㎝

作り方
❶ ごはんに塩を混ぜて3等分にし、お好みの具を詰めてラップで丸く握る。
❷ しいたけの佃煮をベレー帽に見立て、❶の1つに楊枝で固定する〈a〉。

a

❸ 赤ウインナーを熱湯で約1分ゆでて鼻に見立て、パスタで❷にとめる〈b〉。

b

❹ 弁当箱に❸と残りのおにぎりを詰め、のりをパンチで抜いて目とボタンを、切って口を作り、配置する。

ポイント
❷で使う楊枝は下のおにぎりまで貫通しないように短いものを使うといいでしょう。

メインおかず

なすの挟み揚げ

材料
豚ひき肉…30g、なす…1本、玉ねぎ…⅒個、しょうがの絞り汁…少々、小麦粉…少々、しょうゆ…少々、塩・こしょう…各少々、揚げ油…適量

作り方
❶ なすはヘタを取り、おしり側からヘタに向かって切り込みを入れ、水にさらす。
❷ 水気を拭き取り、切り込みに小麦粉をまぶす。
❸ 玉ねぎをみじん切りにし、ひき肉と塩・こしょうをよく混ぜ、❷に挟んで楊枝でとめる〈a〉。

a

❹ 170℃の揚げ油で約3分揚げる。
❺ しょうがとしょうゆの絞り汁を混ぜて❹にかけ、食べやすい大きさに切ったら完成。

サブおかず

小松菜のピーナッツ和え

材料
小松菜…2株、A［粉末状ピーナッツ…小さじ2、しょうゆ…小さじ1、砂糖…小さじ1］

作り方
❶ 小松菜の茎は約1分、葉は20〜30秒塩ゆでし、冷水にとる。
❷ 水気をきり、2㎝幅に切る。Aで和えたらできあがり。

ウインナー&にんじんで冬らしくするためのポイント

ウインナーで！

赤ウインナーに切り込みを入れ、雪の結晶を作ります。この1品が加わるだけであっという間に冬気分。

1
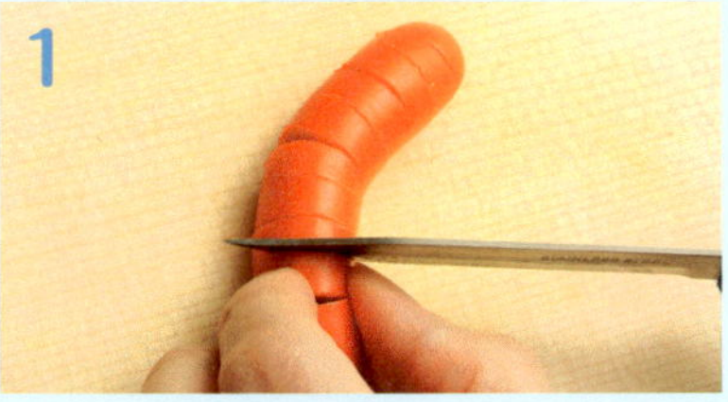

赤ウインナーの両側に1㎝間隔で、交互に5カ所ずつ切り込みを。片側は下まで、もう一方は上半分まで。

2

熱湯で約1分ゆで、両端を切り落としたら楊枝で輪にしてとめる。

にんじんで！

5㎜幅のゆでたにんじんをひいらぎや星、キラキラ型で抜けば、まるでツリーのオーナメントのよう。

お花

ひいらぎのおべんとう

クリスマスといえばひいらぎ。ギザギザの葉っぱはスナップエンドウで、赤い実は小さな梅をトッピングして、かわいいおにぎりの完成です。

ひいらぎのおにぎり

材料

ごはん…100g、お好みの具（梅干し、ツナ、サケなど）…少々、スナップエンドウ…1 枚、小梅…4 粒、のり…½ 枚、塩…少々

ポイント

ナイフを濡らさないと、刃部分にごはんがついてしまってうまく切れないので注意しましょう。

作り方

❶ ごはんに塩を混ぜて半分にし、お好みの具を詰めてラップで丸く握る。

❷ のりを半分に切り、❶に巻いてラップで馴染ませる〈a〉。

❸ のりの面に水で濡らした包丁で十字の切り込みを入れる〈b〉。

❹ スナップエンドウを約40秒塩ゆでし、開いてひいらぎ型で抜く。

❺ ❸の切り込みに❹と小梅を2粒ずつバランスよく配置する。

a

b

お花 アレンジレシピ

ツバキはごはんを赤く染めて、ポインセチアは赤パプリカとピーマンを使って。冬に咲く赤い花のできあがり。

ポイント
カニカマはほぐしすぎるとばらばらになるので、表面に少し凹凸ができる程度を目安に。

ツバキのおにぎり

材料
ごはん…100g、カニカマ…½本、スナップエンドウ…1枚、デコふり（赤）…⅔袋

作り方

1. ごはんにデコふりを混ぜ、半分は太鼓形に、残りの半分は5等分にしてラップで丸く握る。
2. 弁当箱に太鼓形のおにぎりを詰める。上に5等分にしたおにぎりを花の形になるように配置する。
3. カニカマを横半分に切って束ねたら軽くほぐし、2の中心に詰めて花芯にする。
4. スナップエンドウを熱湯で約30秒塩ゆでし、開いて葉に見立てて3にバランスよく配置する。

ポイント
ピーマンはゆですぎると色が変わってしまうので、ゆで時間や火加減に注意しましょう。

ポインセチアのごはん

材料
ごはん…100g、パプリカ（赤）…¼個、ピーマン…½個、スライスチーズ…少々、白炒りごま…少々、パスタ…2㎝

作り方

1. パプリカとピーマンを同じ花型で抜き、熱湯で約20秒塩ゆでする。
2. ピーマン、パプリカの順にずらして重ね、真ん中をパスタで固定する。
3. スライスチーズをストローで抜き、2の中心に配置する。弁当箱に詰めたごはんにのせ、ごまを振ったら完成。

手羽先の唐揚げ メインおかず

材料
手羽先…2本、にんにく…1片、小麦粉…少々、A［しょうゆ…大さじ1、酒…大さじ1、砂糖…大さじ1、みりん…大さじ½］、塩・こしょう…各少々、揚げ油…適量

作り方

1. 手羽先はフォークで数カ所刺し、塩・こしょうを振って小麦粉をはたく。
2. 小鍋につぶしたにんにくとAを加えて火にかけ、煮詰めてタレを作る。
3. 1を180℃の揚げ油で揚げて一度取り出し、約5分おく。さらに190℃の揚げ油でからりと二度揚げする。2を絡めたら完成。

だし巻き卵 サブおかず

材料
卵…2個、だし汁…大さじ2、みりん…小さじ2、しょうゆ…小さじ1、サラダ油…少々

作り方

1. サラダ油以外のすべての材料をよく混ぜ合わせる。
2. 卵焼き用のフライパンにサラダ油を熱し、1の⅓量を流し入れて端から折りたたみながら焼く。
3. 2に残りの½量を流し入れて端から折りたたみながら焼く。
4. 3の作業を繰り返して焼いたら、まきすで形を整える。

女の子

かんざしの女の子のおべんとう

お正月らしく、黒豆をおだんごヘアに、南天串をかんざしにしてみました。お重タイプのお弁当箱に詰めると、いっそうお正月気分を楽しめます。

メイン おかず
サブ おかず
キャラもの おかず!
キャラもの おかず!

かんざしの女の子のおにぎり

材料

ごはん…100g、お好みの具(梅干し、ツナ、サケなど)…少々、にんじんの輪切り…5㎜、黒豆煮…4粒、のり…¼枚、塩…少々、パスタ…4㎝

ポイント

V字に切るのりは、角度が大きすぎるとおでこが広くなりすぎるので気をつけて。

作り方

❶ ごはんに塩を混ぜて半分にし、お好みの具を詰めてラップで丸く握る。

❷ のりを半分に切り、片側の真ん中にV字の切り込みを入れて髪の毛を作り〈a〉、❶に巻いてラップで馴染ませる。

❸ のりをパンチで抜いて目を、切って鼻と口を作り、❷に貼る。

❹ にんじんは約3分ゆでてストローで抜き、パスタで頬部分にとめる。

❺ 南天串で黒豆煮を2粒ずつ刺し、❹の頭部に固定したら完成〈b〉。

女の子 アレンジレシピ

ソーセージをりんごに、ひき肉のそぼろはニット帽に見立て、冬らしい女の子のお顔のお弁当にしました。

ポイント
ソーセージが温かいうちにチーズをのせると溶けてしまうので、冷めてからのせましょう。

りんごちゃんのソーセージ

材料
ごはん…100g、ボロニアソーセージ…5㎜×2枚、にんじんの輪切り…5㎜、スライスチーズ…½枚、のり…少々、パスタ…4㎝

作り方
1. フライパンを熱し、ボロニアソーセージを両面焼く。
2. スライスチーズを楕円型で抜いて顔部分を作り、❶にのせる。
3. のりをパンチで抜いて目を、切って前髪、鼻、口を作り、❷に貼る。
4. にんじんを約3分ゆでてストローで抜き、パスタで頬部分にとめる。葉っぱのピックを刺したらできあがり。

ポイント
肉そぼろは油をひかずに、肉の油を使ってぱらぱらになるまで炒めるとおいしく仕上がります。

ニット帽の女の子のごはん

材料
ごはん…100g、A［豚ひき肉…40g、おろししょうが…少々、しょうゆ…小さじ1強、酒…小さじ1、砂糖…小さじ1］、にんじんの輪切り…5㎜、B［溶き卵…½個分、塩…少々］、のり…少々、サラダ油…適量

作り方
1. フライパンにAを入れて火にかけ、汁気が少なくなるまで炒める。
2. 別のフライパンにサラダ油を熱し、Bを流し入れて菜箸で手早くかき混ぜる。
3. 弁当箱にごはんを詰め、❶を帽子に、❷を前髪に見立てて配置する。
4. のりをパンチで抜いて目を、切って鼻と口を作り、❸に配置する。にんじんを約3分ゆでてストローで抜き、頬部分にのせる。

れんこんの挟み焼き

メイン おかず

材料
鶏ひき肉…40g、れんこんの輪切り…5㎜×4枚、おろししょうが…少々、うずらの卵…1個、白味噌…小さじ½、小麦粉…少々、酒…大さじ1、塩…少々、サラダ油…少々

作り方
1. ひき肉、しょうが、うずらの卵、白味噌をよく混ぜる。
2. れんこんは酢水（分量外）にさらし、熱湯で約2分ゆでる。水気を拭き取り、小麦粉をはたく。
3. ❷で❶を挟み、サラダ油を熱したフライパンで焼く。裏返して酒を振り、ふたをして蒸し焼きにする。塩を振って完成。

ごぼうとにんじんのきんぴら

サブ おかず

材料
ごぼう…½本、にんじん…⅓本、A［しょうゆ…大さじ1、酒…大さじ1、砂糖…大さじ1］、ごま油…少々

作り方
1. ごぼうとにんじんは千切りにし、ごぼうは水にさらしたら水気をきる。
2. フライパンにごま油を熱し、❶を炒める。Aを加えて炒め、味が均一になったらできあがり。

男の子

バレンタインのおべんとう

男の子が大きなハートを持った、バレンタインの日のお弁当。ハートに型抜きしたにんじんを散らせば、もっとバレンタインムードに。

メイン
おかず
キャラもの
おかず！
サブ
おかず
キャラもの
おかず！

ハートの男の子のごはん

材料

ごはん…100g、ハム…1 枚、にんじんの輪切り…5 ㎜× 2 枚、チェダーチーズ…1 枚、のり…少々、ケチャップ…少々、ぶぶあられ…少々

ポイント

にんじんの代わりに金時にんじんや島にんじんを使うと、もっと赤いハートに仕上がります。

作り方

❶ ハムとチェダーチーズを重ねて丸型で抜き〈a〉、弁当箱に詰めたごはんにのせる。

❷ のりをパンチで抜いて目を、切って前髪、鼻、口を作り、❶に貼る。ケチャップで頬を染める。

❸ にんじんを約3分ゆでて大小のハート型で抜く。チェダーチーズを手型で抜き〈b〉、大きなハート形のにんじんにのせたら❷に配置する。

❹ ごはんの上に小さなハート形のにんじんを配置し、ぶぶあられを散らしたらできあがり。

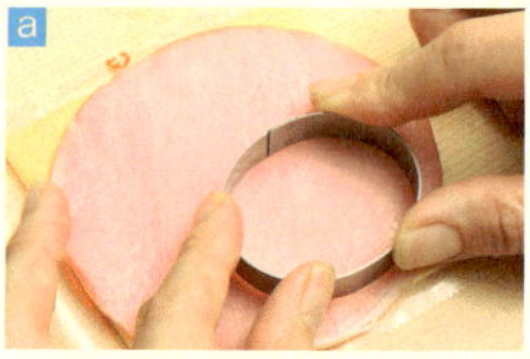
a

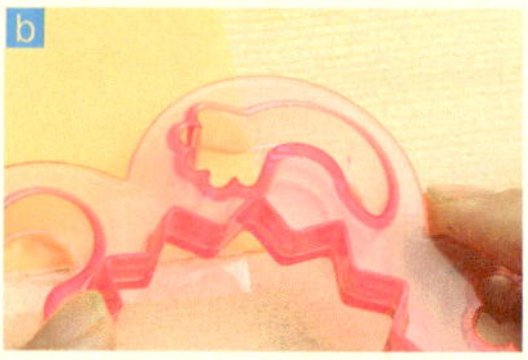
b

男の子 アレンジレシピ

おにぎりをいろんな男の子の顔にアレンジ！
のりの帽子をかぶった兵隊さんや、クリスマス会を楽しむ男の子に変身です。

ポイント

のりはおにぎりの表面だけに巻きます。裏面まで巻くと子どもがかみ切れないことがあるので注意を。

兵隊さんのおにぎり

材料

ごはん…100g、サケフレーク…大さじ 1、ポークビッツ…1 本、ハム…少々、のり…¼ 枚強、マヨネーズ…少々、パスタ…6 ㎝

作り方

1. サケフレークはすり鉢ですりつぶし、ごはんと混ぜ合わせる。半分にし、ラップで俵形に握る。
2. のりを半分に切り、1の上部に巻いてラップで馴染ませる。
3. ポークビッツを熱湯で約1分ゆでたら両端を切り、パスタで2の鼻部分にとめる。
4. のりをパンチで抜いて目を、切って口を作り、3にマヨネーズで貼る。ハムをストローで抜き、パスタで頬部分に固定したら完成。

ポイント

サケフレークは油分があり、のりがくっつきづらいので、マヨネーズをつけて貼りましょう。

クリスマス会のおにぎり

材料

ごはん…100g、サケフレーク…大さじ 1、カニカマ…3 本、のり…少々、マヨネーズ…少々

作り方

1. サケフレークはすり鉢ですりつぶし、ごはんと混ぜ合わせる。半分にし、ラップで縦長の三角に握る。
2. カニカマの赤い部分をはがし、帽子に見立てて1の上部に巻く。さらにストローで抜き、頬部分に貼る。
3. のりをパンチで抜いて目を、切って前髪、鼻、口を作り、2にマヨネーズで貼る。

サケのオーブン焼き

メイン おかず

材料

サケ…½ 切れ、ローリエ…1 枚、塩・こしょう…各少々、オリーブ油…少々

作り方

1. サケに塩・こしょうを振って下味をつける。
2. アルミカップにオリーブ油を薄く塗り、1とローリエを入れる。
3. トースターで約8分焼いたら完成。

千切りじゃがいものぽん酢和え

サブ おかず

材料

じゃがいも…½ 個、あさつき…少々、かつお節…ひとつまみ、ぽん酢…小さじ 1

作り方

1. じゃがいもは千切りにし、水にさらす。
2. 1を熱湯で透き通るまで塩ゆでする。
3. かつお節とぽん酢で2を和え、仕上げに小口切りにしたあさつきを散らす。

トナカイのおべんとう

冬の動物はクリスマスの定番、トナカイをお弁当に入れてみました。角の部分はウインナーを形どっておにぎりとくっつけました。

キャラもの
おかず!

トナカイのおにぎり

材料
ごはん…100g、皮なしウインナー…2本、赤ウインナー…1本、のり…少々、めんつゆ…小さじ1、パスタ…6㎝

ポイント
角はウインナーの表面を上にしてもかわいいです。表面にするとやさしい印象に。

作り方

❶ ごはんとめんつゆを混ぜて半分にし、ラップで丸く握る。

❷ 皮なしウインナーを熱湯で約1分ゆで、縦半分に切る。側面に三角の切り込みを2カ所入れ、太さと長さを調整して角を作る〈a〉。パスタで❶に固定する〈b〉。

❸ 赤ウインナーを熱湯で約1分ゆでて両端を切り、鼻に見立ててパスタで❷に固定する。

❹ のりをパンチで抜いて目を、切って口を作り、❸に貼ったら完成。

a

b

動物 女の子編 アレンジレシピ

冷たい湖を優雅に泳ぐ白鳥、冬だってモコモコの毛で温かい羊。ごはんの上にちょこんとのったかわいいお弁当です。

白鳥のハムチーズ

材料

ハム…1 枚、スライスチーズ…1 枚、チェダーチーズ…少々、のり…少々

作り方

❶ スライスチーズを白鳥の型紙（P.85）に沿って楊枝でカットし、チェダーチーズもカットしてくちばしを作る。

❷ ハムの上に❶を配置し、ハムの余分な部分をナイフで切り落とす。のりをパンチで抜いて目を作り、❶に貼る。

ポイント
お弁当箱に詰めるごはんを卵チャーハンにすることで、白鳥がより際立って見えます。

ポイント
ハムを渦巻き状に切るためには、はさみで切り込みを入れると簡単にできます。

羊のはんぺんチーズ

材料

ハム…少々、はんぺん…¼ 枚、スライスチーズ…1 枚、のり…少々、パスタ…4 ㎝

作り方

❶ はんぺんは大きめの花型で抜き、グリルでうっすら焦げ目がつくまで焼いたら厚みを半分に切る。

❷ スライスチーズを丸型で抜いて顔部分を作り、❶のカット面にのせる。

❸ ハムをストローで抜いて鼻を作り、❷に配置する。さらに丸型で抜いて渦巻き状の切り込みを入れ、角に見立ててパスタで❷にとめる。

❹ のりをパンチで抜いて目を、切って口を作り、❸に貼る。

和風ハンバーグ

メインおかず

材料

豚ひき肉…50g、玉ねぎ…⅛ 個、れんこん…10g、うずらの卵…1 個、パン粉…大さじ 1、酒…大さじ 1、めんつゆ…大さじ 1、みりん…小さじ 1、塩・こしょう…各少々、サラダ油…適量

作り方

❶ 玉ねぎはみじん切りに、れんこんはすりおろす。

❷ ❶、ひき肉、うずらの卵、パン粉、塩・こしょうをよく混ぜ合わせ、丸く形を整える。

❸ フライパンにサラダ油を熱し、❷を焼く。裏返して酒を振り、ふたをして蒸し焼きにする。めんつゆとみりんを加えて絡めたら完成。

トマトマリネ

サブおかず

材料

ミニトマト…2 ～ 3 個、A［白ワインビネガー…大さじ 1、オリーブ油…大さじ ½、砂糖…ひとつまみ、塩・黒こしょう…各少々］

作り方

❶ ミニトマトはヘタを取り、楊枝で数カ所刺す。

❷ 密閉保存袋にAと❶を入れてひと晩浸けたら完成。

犬のおべんとう

白いごはんの上に、チーズで作った犬をちょこんとのせたお弁当。おせち料理で大活躍の黒豆煮を使い、かわいらしい耳に仕上げています。

犬のごはん

材料
ごはん…100g、ハム…1 枚、カニカマ…1 本、黒豆煮…2 粒、スライスチーズ…1 枚、のり…少々

ポイント
❶の型抜きは、型の面積の$3/4$くらいを使うと、お弁当箱の側面に沿った形にできあがります。

作り方

❶ ハムとスライスチーズを重ねて丸型で抜く〈a〉。

❷ カニカマの赤い部分をはがし、5㎜幅の帯状にして❶の首輪部分に貼り、余分なカニカマは切る〈b〉。さらにストローで抜き、❶の頬部分に貼る。

❸ のりをパンチで抜いて目と鼻を、切って口を作り、❷に貼る。

❹ 弁当箱にごはんを詰め、❸をのせる。黒豆煮を耳に見立てて配置したら完成。

a
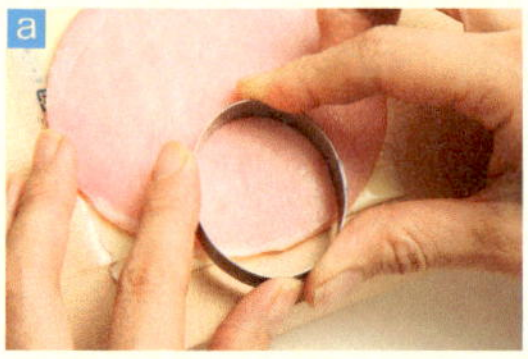

b
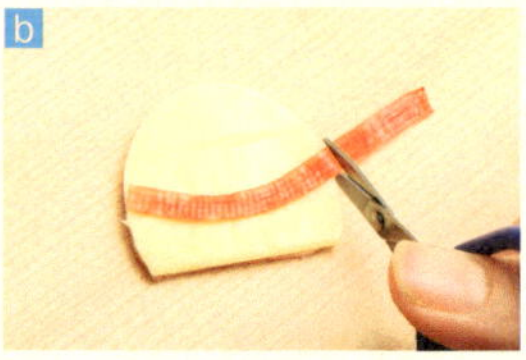

動物 **男の子編** **アレンジレシピ**

ペンギンやクマなど寒い場所に住む動物たちを、おにぎりやチーズ、ハムを使ってかわいらしく仕上げ、お弁当箱に詰めてみました。

ペンギンのおにぎり

材料

ごはん…100g、お好みの具（梅干し、ツナ、サケなど）…少々、にんじんの輪切り…5㎜、スライスチーズ…少々、のり…½枚、塩…少々、パスタ…2㎝

作り方

❶ ごはんに塩を混ぜて半分にし、お好みの具を詰めてラップで丸く握る。
❷ のりを半分に切り、片側の真ん中に半円の切り込みを入れる。❶に巻き、ラップで馴染ませる。
❸ スライスチーズをストローで抜いて目を、のりをパンチで抜いて瞳を作り、❷に貼る。にんじんを約3分ゆでてつぶしたストローで抜き、くちばしに見立ててパスタでとめる。

ポイント
のりで作る瞳は1カ所だけ三角の切り込みを入れると、キラキラした瞳に見えます。

ポイント
❷の工程について、ハムはチーズより5㎜くらい外側に沿って切り落とすと、クマちゃんが強調されます。

クマちゃんのハムチーズ

材料

ハム…1枚、スライスチーズ…1枚、チェダーチーズ…少々、のり…少々、ケチャップ…少々

作り方

❶ スライスチーズをクマの型紙（P.85）に沿って楊枝でカットする。
❷ ハムにのせ、余分な部分をナイフで切り落とす。
❸ スライスチーズをつぶしたストローで抜いて口元を作り、❷にのせる。さらに楊枝でカットして手を作り、❷にのせる。チェダーチーズを楊枝でカットして月模様を作り、❷の胸元にのせる。
❹ のりをパンチで抜いて目、鼻、口を作り、❸に貼る。ケチャップで頬を染めたら完成。

メイン おかず

イカとクレソンのにんにく炒め

材料

イカ（胴部分）…30g、クレソン…2本、にんにくのみじん切り…少々、塩…少々、オリーブ油…少々

作り方

❶ イカは2㎝幅に切り、クレソンはざく切りにする。
❷ フライパンにオリーブ油とにんにくを熱し、香りが立ってきたらイカを炒める。
❷ イカが白っぽくなったらクレソンを加えてさっと炒め合わせ、塩で味を調える。

大根ステーキ

サブ おかず

材料

大根…1㎝、しょうゆ…小さじ2、みりん…小さじ2、バター…少々

作り方

❶ 大根は格子状に切り込みを入れ、放射状に8等分に切る。やわらかくなるまでゆでたら、水気をきる。
❷ フライパンにバターを温め、❶を両面きつね色になるまで焼く。しょうゆとみりんを加えて絡めたら完成。

乗りもの

列車のおべんとう

冬は雪見をしながら、電車で出かけよう！ ごはんで作った電車のおにぎりをほおばれば、楽しい思い出もきっと増えるはず。

メイン
おかず
サブ
おかず
キャラもの
おかず！
キャラもの
おかず！

新幹線のおにぎり

材料
ごはん…100g、カニカマ…1本、スライスチーズ…少々、のり…少々、塩…少々

ポイント
❶では片方の手の親指と人差し指で挟むようにしてとがらせ、新幹線の先頭部分を作ります。

作り方

❶ ごはんに塩を混ぜて半分にし、ラップで俵形に握る。1つは片側をとがらせ、新幹線の先頭部分に見立てる〈a〉。
❷ のりを長方形に切って窓を作り〈b〉、❶に貼る。
❸ カニカマの赤い部分をはがし、5㎜幅の帯状にして新幹線のラインに見立て、❷に配置する。
❹ スライスチーズを丸型で抜き、先頭部分にのせたらできあがり。

a

b

乗りもの アレンジレシピ

レトロな汽車はウインナー、かわいらしい電車は卵焼きの車体に。思わずお出かけしたくなるような乗りもののお弁当です。

ポイント
ごはんのまわりにレタスを飾ると、まるで田園風景の中を走っているみたいに。詰め方にも工夫を。

汽車ウインナー

材料
皮なしウインナー…3本、ポークビッツ…½本、スライスチーズ…少々、のり…少々、マヨネーズ…少々、パスタ…1㎝

作り方
1. ウインナーとポークビッツを熱湯で約1分ゆでて冷ます。
2. ウインナーは両端を切り落とし、さらに座りがいいように底面を少し切り落とす。ポークビッツを煙突に見立て、先頭のウインナーの上部にパスタで固定する。
3. スライスチーズを丸型で抜いて顔部分を作る。のりをパンチで抜いて目、鼻、口を作って貼り、2の先頭の断面に貼る。
4. のりを切って窓を作り、ウインナーの側面にマヨネーズで貼る。

ポイント
卵焼きはずらしたり、どちらか一方を傾けるとまるで走っているような感じに仕上がります。

卵焼き電車のごはん

材料
ごはん…100g、ポークビッツ…1本、スライスチーズ…少々、卵…1個、刻みのり…少々、おしゃぶり昆布…少々、パスタ…6㎝、サラダ油…適量

作り方
1. フライパンにサラダ油を熱し、溶いた卵を流し入れて菜箸でかき混ぜる。表面が固まったら三つ折りにし、弱火にして両面を焼く。冷めたら1㎝幅に切る。
2. 弁当箱にごはんを詰め、刻みのりを線路に見立てて配置する。1を車体に見立てて配置する。
3. ポークビッツを熱湯で約1分ゆでたら6等分の輪切りにし、車輪に見立ててパスタでとめる。スライスチーズを切って窓を作り、2に貼る。昆布を切ってパンタグラフに見立て、2に差し込んだら完成。

ホタテの味噌マヨ焼き（メインおかず）

材料
ホタテ…2個、万能ねぎ…2㎝、味噌…小さじ½、マヨネーズ…小さじ1

作り方
1. アルミカップにホタテを入れ、マヨネーズで溶いた味噌をかける。
2. トースターで約8分焼き、小口切りにした万能ねぎを散らす。

れんこんのバター炒め（サブおかず）

材料
れんこん…3㎝、あおさのり…少々、塩・こしょう…各少々、バター…少々

作り方
1. れんこんは3㎜幅のいちょう切りにし、酢水（分量外）にさらしたら水気を拭き取る。
2. フライパンにバターを温め、1を炒める。塩・こしょうで味を調え、仕上げにあおさのりを振る。

オニのおべんとう

1年で一番寒い2月には、「オニは外、福は内!」と言いながら豆を投げる節分があります。そのときに退治するオニを、かわいらしく仕上げました。

サブ
おかず
メイン
おかず
キャラもの
おかず!
キャラもの
おかず!

オニのゆで卵

材料

にんじんの輪切り…5㎜、チェダーチーズ…¼枚、うずらの卵…2個、おしゃぶり昆布…1本、イカ墨パスタ…少々

ポイント

❶は深すぎると卵がくずれてしまうので、ナイフの刃先を上手に使って。少し黄身が見える程度が目安。

作り方

❶ うずらの卵は約8分ゆでて殻をむく。真ん中にV字の切り込みを入れ、オニの口に見立てる〈a〉。

❷ 昆布を三角に切り、角を作る。チェダーチーズを花型で抜いて髪の毛に見立て、昆布を差し込んで❶に固定する〈b〉。

❸ にんじんを約3分ゆでてつぶしたストローで抜き、パスタで❷の鼻部分にとめる。目の位置にイカ墨パスタを刺したら完成。

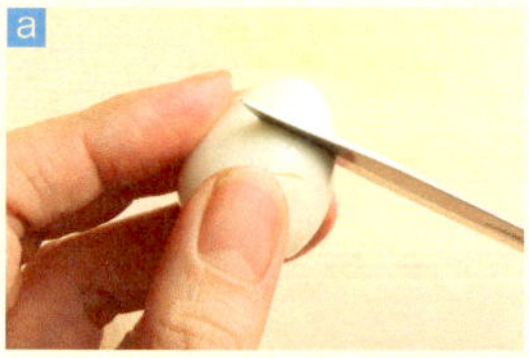
a

b

冬の行事 アレンジレシピ

オニといっても、お弁当に出てくるのはかわいいオニ。おにぎりで作ったり、ソーセージで顔を作ったり。どんなオニがお好みかな？

オニのソーセージ

材料

ボロニアソーセージ…5 mm×2 枚、にんじんの輪切り…5 mm×2 枚、チェダーチーズ…少々、のり…少々、ケチャップ…少々、マヨネーズ…少々、パスタ…4 cm

作り方

❶ フライパンを熱し、ボロニアソーセージを両面焼く。
❷ にんじんを約3分ゆでて雲型で抜き、髪の毛に見立ててパスタで❶に固定する。さらにストローで抜き、パスタで鼻部分にとめる。
❸ のりをパンチで抜いて目を、切って口を作り、❷にマヨネーズで貼る。チェダーチーズを三角に切って角に見立てて貼り、ケチャップで頬を染める。

ポイント
チーズはやわらかいと切りにくいので、一度冷蔵庫で冷やしてから作業するとスムーズに。

ポイント
おにぎりは丸く握ってから上面だけを平らにすると、角や髪の毛がつけやすくなります。

オニのおにぎり

材料

ごはん…100g、ポークビッツ…1 本、パセリ…少々、のり…少々、花おすしの素…小さじ 1、パスタ…少々

作り方

❶ ごはんに花おすしの素を混ぜて半分にし、ラップで丸く握る。
❷ ポークビッツを熱湯で約1分ゆでて4等分の輪切りにし、両端を角に見立ててパスタで❶に固定する。残りは鼻に見立ててパスタで固定する。
❸ のりをパンチで抜いて目を、切って口を作り、❷に貼る。パセリを髪の毛に見立て、頭部に差し込んだら完成。

サケの柚庵焼き

メイン おかず

材料

サケ…½ 切れ、柚子の輪切り…1 枚、しょうゆ…大さじ 1、みりん…大さじ 1、酒…大さじ 1

作り方

❶ 密閉保存袋にすべての材料を入れてひと晩おく。
❷ 汁気を軽く拭き取り、弱火のグリルでこんがり焦げ目がつくまで焼く。

五目煮

サブ おかず

材料

鶏もも肉…20g、ごぼう…¼ 本、にんじん…⅓ 本、しいたけ…2 枚、大豆…大さじ 2、こんにゃく…¼ 枚、だし汁…200 cc、A［しょうゆ…大さじ 1½、酒…大さじ 1、砂糖…大さじ 1、みりん…小さじ 1］、ごま油…少々

作り方

❶ 鶏肉と野菜は乱切りにし、ごぼうは約5分ゆでる。こんにゃくはフォークで数カ所刺し、さいの目に切って熱湯で約5分ゆでる。
❷ フライパンにごま油を熱し、鶏肉を炒める。火が通ったら、野菜、大豆、こんにゃくを加える。だし汁を加えて約5分煮たら、Aを加えて汁気が少なくなるまで煮る。

column 4

1年に一度の冬イベント

12月25日

サンタさんのおべんとう

待ちに待ったクリスマスがやってくる！ お弁当にもサンタさんが登場して、いっそう気分が盛り上がりそう。子どもたちが喜ぶこと間違いなし！

① サンタさんのハムチーズ

材料

ハム…1枚、カニカマ…2本、スライスチーズ…1枚、チェダーチーズ…1枚、のり…少々

作り方

❶ハム、チェダーチーズの順に重ねて雫型で抜く。❷カニカマの赤い部分をはがし、①のとがった上部に巻き、サンタの帽子に見立てる。❸スライスチーズを①と同じ雫型で抜く。さらにずらして抜いてヒゲに見立て、②に配置する。❹スライスチーズを丸型で抜いて帽子の飾りを、チェダーチーズをストローで抜いて鼻を、のりをパンチで抜いて目を、切って口を作り、それぞれ③に配置する。

② 銀だらのオレガノソテー

材料

銀だら…½切れ、酒…少々、オレガノ…小さじ¼、塩・こしょう…各少々、オリーブ油…少々

作り方

❶銀だらは酒と塩を振って約5分おき、水気を拭き取ったらオレガノを振る。❷フライパンにオリーブ油を熱し、①を両面焼く。塩・こしょうで味を調えたらできあがり。

③ スパムとパプリカの塩炒め

材料

スパム…20g、パプリカ…¼個、塩・こしょう…各少々

作り方

❶スパムは薄切りに、パプリカは細切りにする。❷フライパンを熱し、弱火でスパムを炒める。油が出てきたらパプリカを加えて炒め合わせる。塩・こしょうで味を調えたら完成。

付録 1

お手本の型紙いろいろ

フリーハンドで切り抜くのが難しそうなものは、型紙を作りましょう。トレーシングペーパーに描き写し、切って使ってくださいね。また、雑誌や絵本などでかわいい絵柄を見つけたら、ぜひオリジナルの型紙を作ってみて。楽しさが倍増するはずです。

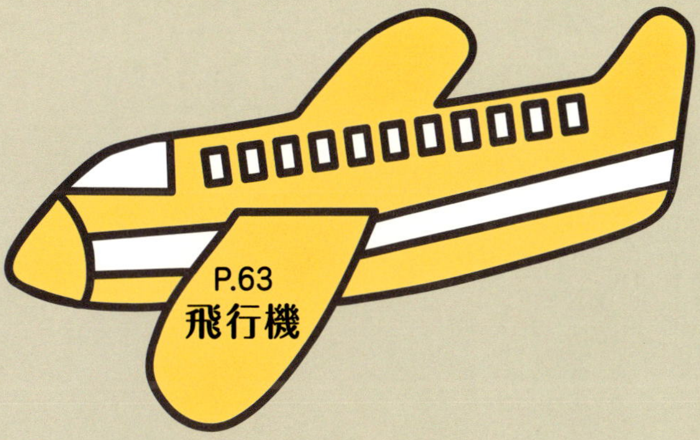
P.63
飛行機

P.43
カモメ

P.58
リス

P.79
クマ

P.24
キリン

P.77
白鳥

付録 2

お肉メインのおかずいろいろ

メインとなるお肉のおかずは、マンネリ化して、いつも同じ材料を買い、つい似たような味つけになっていませんか？　そうならないために、いつもの材料にひと手間、ひと調味料を加えましょう。おかずのレパートリーがもっと増えます。

ポークチャップ

材料

豚もも薄切り肉…50g、玉ねぎ…⅛個、A［ケチャップ…小さじ2、ウスターソース…小さじ1、はちみつ…少々］、塩・こしょう…各少々、サラダ油…適量

作り方

❶ 豚肉はひと口大に切り、玉ねぎはくし切りにする。
❷ フライパンにサラダ油を熱し、豚肉、玉ねぎの順に炒める。Aを加え、塩・こしょうで味を調える。

豚の唐揚げ

材料

豚バラ薄切り肉…60g、A［おろししょうが…少々、しょうゆ…小さじ1、酒…小さじ1］、片栗粉…少々、揚げ油…適量

作り方

❶ 豚肉をひと口大に軽く丸め、Aに約15分浸ける。
❷ 片栗粉をまぶし、170℃の揚げ油でからりと揚げたらできあがり。

豚肉とピーマンのマヨ炒め

材料

豚もも薄切り肉…2枚、ピーマン…½個、片栗粉…少々、A［しょうゆ…小さじ1½、酒…小さじ1、みりん…小さじ½、マヨネーズ…小さじ½］、サラダ油…適量

作り方

❶ 豚肉とピーマンは細切りにし、豚肉に片栗粉をまぶす。
❷ フライパンにサラダ油を熱し、豚肉、ピーマンの順に炒める。Aを加え、味が均一に混ざり合ったらできあがり。

豚のしょうが焼き

材料

豚こま切れ肉…50g、玉ねぎ…⅛個、A［おろししょうが…少々、しょうゆ…小さじ2、酒…小さじ2、みりん…小さじ1］、小麦粉…少々、塩・こしょう…各少々、サラダ油…適量

作り方

❶ 豚肉に小麦粉をはたく。玉ねぎはくし切りにする。
❷ フライパンにサラダ油を熱し、豚肉、玉ねぎの順に炒める。Aを加え、塩・こしょうで味を調えたら完成。

信田巻き

材料

豚もも薄切り肉…2枚、にんじん…20g、油揚げ…1枚、A［だし汁…100 cc、みりん…大さじ1½、しょうゆ…大さじ1、酒…大さじ1］

作り方

❶ にんじんは短冊切りにし、約3分ゆでる。
❷ 油揚げの4辺を切り落とし、半分に切った豚肉と❶を巻き、巻き終わりを楊枝でとめる。
❸ 小鍋にAを入れて火にかけ、ひと煮立ちさせたら❷を加える。落としぶたをし、約8分煮る。

豚肉とれんこんの梅和え

材料

豚薄切り肉（しゃぶしゃぶ用）…50g、れんこん…20g、梅干し…中1個、A［白すりごま…ひとつまみ、みりん…小さじ2、しょうゆ…小さじ½、塩…少々］

作り方

❶ れんこんは薄切りにし、酢水（分量外）にさらす。
❷ ❶と豚肉を熱湯でゆでて冷水にとる。
❸ 梅干しの種を取って刻んだらAと合わせ、❷を和える。

ささ身ときゅうりの コチュジャン和え

材料

鶏ささ身…½本、きゅうり…5 cm、白すりごま…少々、みりん…小さじ1、コチュジャン…小さじ½、酒…少々、塩…少々

作り方

❶ ささ身は酒と塩を加えた湯で約5分ゆで、そのままおいて冷ましたら細かくさく。きゅうりは拍子木切りにする。
❷ みりんとコチュジャンを合わせ、❶を和えたらごまを振る。

牛肉とれんこんの黒酢炒め

材料

牛薄切り肉…60g、れんこん…20g、しょうがのみじん切り…少々、A［しょうゆ…小さじ2、みりん…小さじ2、黒酢…小さじ1］、塩・こしょう…各少々、ごま油…少々

作り方

❶ れんこんはいちょう切りにし、酢水（分量外）にさらしたら水気をきる。

❷ フライパンにごま油を熱し、しょうがを香りが立つまで炒める。牛肉、❶の順に炒める。

❸ Aを加えて汁気がなくなるまで炒め、塩・こしょうで味を調える。

しっとりむね肉煮

材料

鶏むね肉…½枚、A［しょうがの薄切り…1枚、酒…大さじ1、顆粒鶏ガラスープの素…小さじ1、塩…小さじ½、水…200 cc］、ぽん酢…適量、サラダ油…少々

作り方

❶ 鶏肉はフォークで数カ所刺す。

❷ フライパンにサラダ油を熱し、❶を両面軽く焼く。

❸ 小鍋にAと❷を入れて火にかけ、ひと煮立ちさせたら約3分煮込む。火を止めて余熱で中まで火を通す。食べやすい大きさに切り、ぽん酢をかける。

ローズマリーソテー

材料

鶏むね肉…½枚、ローズマリー…½本、塩・こしょう…各少々、オリーブ油…小さじ1強

作り方

❶ 鶏肉はフォークで数カ所刺し、塩・こしょうを振って下味をつける。

❷ 密閉保存袋に❶、粗めに刻んだローズマリー、オリーブ油小さじ1を入れてひと晩浸ける。

❸ フライパンにオリーブ油少々を熱し、❷を皮目から焼く。裏返したら火を止め、余熱で中まで火を通す。粗熱が取れたら、食べやすい大きさに切る。

プルコギ

材料

牛切り落とし肉…50g、長ねぎ…3㎝、にんじん…10g、しいたけ…1枚、A［おろしにんにく…少々、白炒りごま…小さじ1、しょうゆ…小さじ2、はちみつ…小さじ2、酒…小さじ1、ごま油…小さじ1］、サラダ油…少々

作り方

❶ 牛肉は細切りに、長ねぎは斜め薄切りに、にんじんは千切りに、しいたけは軸を取って薄切りにする。

❷ 密閉保存袋にAと❶を入れてひと晩浸ける。

❸ フライパンにサラダ油を熱し、❷を炒める。

牛そぼろ

材料

牛ひき肉…60g、A［しょうゆ…大さじ 1、酒…大さじ 1、みりん…大さじ½、砂糖…大さじ½、顆粒だしの素…半つまみ］

作り方

❶ ひき肉とAを混ぜ合わせる。

❷ フライパンを熱し、❶を菜箸で手早くかき混ぜながら炒め、ぽろぽろになったら完成。

鶏肉のクミンソテー

材料

鶏もも肉…60g、小麦粉…少々、クミン…少々、塩・こしょう…各少々、サラダ油…適量

作り方

❶ 鶏肉は食べやすい大きさに切り、塩・こしょうを振って下味をつけ、小麦粉をはたく。

❷ フライパンにサラダ油を熱し、❶を焼く。クミンを加え、塩・こしょうで味を調える。

ごま唐揚げ

材料

鶏もも肉…60g、片栗粉…大さじ 1、白炒りごま…適量、A［しょうゆ…小さじ 2、酒…小さじ 1、酢…小さじ 1、塩・こしょう…各少々］、揚げ油…適量

作り方

❶ 鶏肉はひと口大に切り、Aに約15分浸ける。

❷ 片栗粉とごまをまぶし、180℃の揚げ油でからりと揚げる。

しぐれ煮

材料

牛薄切り肉…60g、しょうがのみじん切り…少々、A［しょうゆ…大さじ 1、酒…大さじ 1、砂糖…大さじ 1、はちみつ…小さじ 1、水…50 cc］

作り方

❶ 小鍋にAを入れて火にかけ、ひと煮立ちさせたら牛肉としょうがを加える。

❷ 落としぶたをし、煮汁が少なくなるまで煮詰めたら完成。

3
付録

お魚メインのおかずいろいろ

栄養を考えると、お肉もお魚も野菜もバランスよくお弁当に詰めてあげたいもの。しかしお魚は下準備が面倒で、つい敬遠されがち。そこで忙しい朝でもカンタンにおいしくできるお魚のメインおかずを紹介します。これで子どもたちももっと喜ぶはず！

カジキマグロの照り焼き

材料

カジキマグロ…½ 切れ、A［みりん…小さじ 2、しょうゆ…小さじ 1、酒…小さじ 1、カレー粉…半つまみ］、酒…少々、塩…少々、サラダ油…適量

作り方

❶ カジキマグロは半分に切り、酒と塩を振って約5分おく。

❷ フライパンにサラダ油を熱し、❶を両面焼く。Aを加えて絡めたら完成。

銀だらの西京焼き

材料

銀だら…½ 切れ、西京味噌…大さじ 2、みりん…大さじ 1

作り方

❶ 密閉保存袋にすべての材料を入れてひと晩おく。

❷ ❶をさっと洗い流して水気を拭き取り、グリルで表面にこんがり焦げ目がつくまで焼いたらできあがり。

カジキマグロのオイスターソテー

材料

カジキマグロ…½ 切れ、さやいんげん…1本、A［みりん…小さじ 1、酒…小さじ 1、しょうゆ…小さじ ½、オイスターソース…小さじ ½］、酒…少々、塩…少々、サラダ油…適量

作り方

❶ カジキマグロはスティック状に切り、酒と塩を振って約5分おく。さやいんげんは熱湯で約40秒塩ゆでし、3㎝長さに切る。

❷ フライパンにサラダ油を熱し、カジキマグロを炒める。さやいんげんとAを加えて煮絡める。

マグロとごぼうの煮もの

材料

マグロ…½ 切れ、ごぼう…5 cm、しょうが…少々、A［しょうゆ…大さじ 1、酒…大さじ 1、砂糖…大さじ 1、水…50 cc］

作り方

❶ マグロは角切りにする。ごぼうは1cm幅に切り、水にさらしたら3〜4分ゆでる。しょうがは千切りにする。

❷ 小鍋にAを入れて火にかけ、ひと煮立ちさせたらしょうが、マグロ、ごぼうの順に加え、煮汁が少なくなるまで煮る。

サケの味噌バター焼き

材料

サケ…½ 切れ、A［白味噌…小さじ 1、みりん…小さじ 1、酒…小さじ 1］、酒…少々、塩…少々、バター…少々

作り方

❶ サケは半分に切り、酒と塩を振って約5分おく。

❷ フライパンにバターを温め、❶を焼く。両面焼いたらAを加えて煮絡める。

たらのごま焼き

材料

たら…½ 切れ、卵白…½ 個分、白炒りごま…適量、酒…大さじ 1 強、塩・黒こしょう…各少々、サラダ油…少々

作り方

❶ たらに酒少々と塩を振って約5分おく。

❷ ❶の水気を拭き取り、溶いた卵白にくぐらせる。

❸ 片面にごまをまぶし、サラダ油を熱したフライパンでごま面から焼く。

❹ 裏返して酒大さじ1を振り入れ、ふたをして蒸し焼きにする。仕上げに黒こしょうを振ったら完成。

カジキマグロと卵のケチャップ炒め

材料

カジキマグロ…½ 切れ、溶き卵…½ 個分、A［酒…小さじ 2、ケチャップ…小さじ2］、酒…少々、塩・こしょう…各少々、サラダ油…少々

作り方

❶ カジキマグロはひと口大に切り、酒と塩を振って約5分おく。

❷ フライパンにサラダ油を熱し、❶を焼く。Aを加えてさらに炒める。

❸ あいたスペースに卵を流し入れ、手早く混ぜ合わせる。塩・こしょうで味を調えたら完成。

ブリの塩焼き

材料

ブリ…½ 切れ、ガーリックパウダー…少々、酒…少々、塩・黒こしょう…各少々

作り方

❶ ブリは酒と塩を振って約5分おき、水気を拭き取る。
❷ 半分にしてガーリックパウダー、塩・黒こしょうを振る。
❸ グリルで❷を両面こんがり焦げ目がつくまで焼く。

サーモンの唐揚げ

材料

サーモン…½ 切れ、A［おろししょうが…少々、しょうゆ…小さじ1、酒…小さじ1、塩・こしょう…各少々］、片栗粉…大さじ1、揚げ油…適量

作り方

❶ サーモンは半分に切り、Aに約20分浸ける。
❷ 片栗粉をまぶし、180℃の揚げ油でからりと揚げる。

サケとしめじの和風炒め

材料

サケ…½ 切れ、しめじ…10g、小麦粉…少々、めんつゆ…小さじ 2、みりん…小さじ 1、酒…少々、塩…少々、サラダ油…適量

作り方

❶ サケは酒と塩を振って約5分おき、水気を拭き取ったら小麦粉をはたく。
❷ フライパンにサラダ油を熱し、❶を両面焼く。
❸ 石づきを取ってほぐしたしめじを加え、炒め合わせる。めんつゆとみりんを加え、味が均一になったら完成。

ブリのオイスターソース炒め

材料

ブリ…½ 切れ、パプリカ…⅛ 個、小麦粉…少々、A［オイスターソース…小さじ 1、酒…小さじ 1、みりん…小さじ 1］、酒…少々、塩…少々、サラダ油…適量

作り方

❶ ブリは酒と塩を振って約5分おき、水気を拭き取ったら3等分にして小麦粉をはたく。パプリカはざく切りにする。
❷ フライパンにサラダ油を熱し、ブリを両面焼いて一度取り出す。
❸ 同じフライパンでパプリカを炒めたら、Aを加えて煮詰める。❷を戻し入れて絡めたら完成。

ブリのカレーソテー

材料

ブリ…½ 切れ、ししとう…2 本、小麦粉…大さじ 1、カレー粉…ひとつまみ、酒…少々、塩・こしょう…各少々、バター…少々

作り方

❶ ブリは酒と塩を振って約5分おき、水気を拭き取ったら3等分にして塩・こしょうを振る。ししとうはフォークで数カ所刺す。

❷ 小麦粉とカレー粉を混ぜ合わせ、ブリにまぶす。

❸ フライパンにバターを温め、ししとうと❷を両面焼いたら完成。

サケのマヨネーズ焼き

材料

サケ…⅓ 切れ、パセリ…少々、ピクルス…1 本、マヨネーズ…小さじ 1、粒マスタード…少々、酒…少々、塩・こしょう…各少々

作り方

❶ サケは酒と塩を振って約5分おき、水気を拭き取ったら塩・こしょうを振る。

❷ アルミカップに❶を入れ、トースターで約3分焼く。

❸ みじん切りにしたピクルス、粒マスタードを混ぜたマヨネーズをのせ、さらにトースターで3〜4分焼き、刻んだパセリを振ったら完成。

サケグラタン

材料

サケ…⅓ 切れ、じゃがいも…小 ½ 個、パセリ…少々、ホワイトソース（市販）…少々、酒…少々、塩・こしょう…各少々

作り方

❶ サケは酒を振り、ラップをかけて電子レンジで約40秒加熱する。

❷ じゃがいもは水でさっと濡らし、ラップをかけて電子レンジで約2分加熱し、皮をむいて半分に切る。

❸ アルミカップに❶と❷を入れて塩・こしょうを振り、ホワイトソースをかける。トースターで約5分焼き、みじん切りにしたパセリを散らす。

サーモンフライ

材料

サーモン（刺身用）…5 ㎝、大葉…1枚、溶き卵…少々、小麦粉…少々、パン粉…少々、塩・こしょう…各少々、揚げ油…適量

作り方

❶ サーモンは厚みを半分に切り、塩・こしょうを振って下味をつける。

❷ 大葉を半分に切り、❶にそれぞれのせて端から巻く。

❸ 小麦粉、卵、パン粉の順に衣をつけ、180℃の揚げ油でからりと揚げたら完成。

INDEX

きのこ類

豆製品・加工品

卵・乳製品

乾物・ナッツ類

パン

その他

おわりに

おかげさまで、大和書房さんからのお弁当本も２冊目となりました。
いつも応援して下さる皆さまに心から感謝を申し上げます。

1年中を通して役に立つようなお弁当本を作りたいと考え、
季節に合ったお花や動物などのデザインをいろいろと考えました。

撮影の準備のときは、娘はしっかりお手伝い。
準備をしている側から、息子はパクパク試食。
そんな２人の成長ぶりが嬉しかったり、頼もしかったり。

季節ごとのお子さんとの日常や思い出を、
一緒にお弁当に詰めるのも楽しいと思います。
また、お弁当を通して、四季を伝えることもできたら素敵ですね。

最後に、この本を作るにあたりご協力いただきました皆さま、
本当にありがとうございました。

またお会いできることを楽しみにしております。

2010年２月吉日　　　　　　akinoichigoこと稲熊由夏

akinoichigoの子《こ》どもがよろこぶ
魔《ま》法《ほう》のおべんとう

2010年3月5日 第1刷発行

著者　稲熊《いなぐま》由《ゆ》夏《か》
発行者　南　暁
発行所　大和《だいわ》書房
東京都文京区関口1-33-4
電話03(3203)4511
振替00160-9-64227

料理制作・スタイリング　稲熊由夏
ブックデザイン　五十嵐明、望月佐栄子(ワンダフル)
撮影　奥野規　稲熊由夏
編集協力　峯澤美絵

印刷　歩プロセス
製本　ナショナル製本

ISBN978-4-479-92026-7
乱丁本・落丁本はお取り替えいたします
http://www.daiwashobo.co.jp